NEW串料理

繁盛店11の技法

旭屋出版

STAFF

デザイン
野村義彦(LILAC)

撮影
後藤弘行　曽我浩一郎(旭屋出版)
菅祐介　松井ヒロシ　東谷幸一　太田昌宏　川井裕一郎　キミヒロ

取材・編集
亀高斉　稲葉友子　三上恵子　諫山力　西倫世　中西沙織
前田和彦　斉藤明子(旭屋出版)

編集協力
榎本総子(旭屋出版・近代食堂編集部)

掲載しているメニューの価格などの情報は、2018年8月現在のものです

CONTENTS

- 004　野菜巻き串　やさい巻き串屋 ねじけもん　福岡・大名
- 016　創作串揚げ　フリトゥー・ル・ズ 糀ナチュレ　福岡・警固
- 032　フレンチ串揚げ　BEIGNET ベニエ　大阪・梅田
- 044　創作串揚げ　again アゲイン　大阪・北新地
- 054　野菜巻き串　やさい串巻き なるとや　大阪・難波
- 064　創作串揚げ　コテツ　京都・河原町
- 076　洋風串揚げ　揚げバル マ・メゾン　愛知・名古屋
- 086　天ぷら串　天ぷら串 山本家　東京・新宿
- 102　うな串・串打ちジビエ　新宿寅箱　東京・新宿
- 114　焼き鳥　神鶏(しんけい) 代々木　東京・代々木
- 128　野菜巻き串　つつみの一歩　東京・北千住

141　**掲載店紹介**

NEW KUSI No.01
FUKUOKA / DAIMYO

NEW KUSI No.01
野菜巻き串

福岡・大名

やさい巻き串屋 ねじけもん

野菜巻き串
やさい巻き串屋 ねじけもん

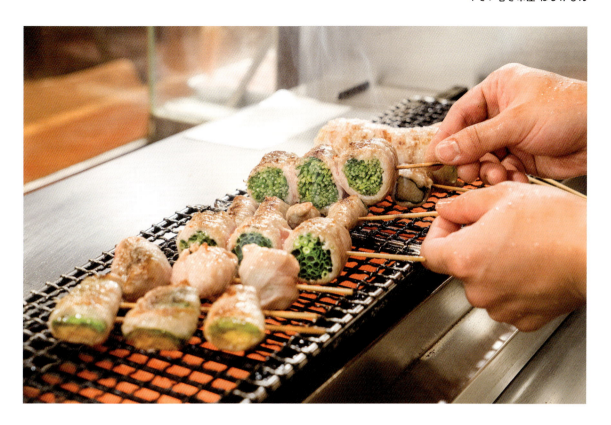

野菜が主役だから女性客が集中
素材を生かす創作巻き串

2011年の開店以来、口コミで評判を呼び、今や平日で80〜90人、週末は100人以上の来店を誇る人気店へと成長。食のレベルが高い福岡において、他県からの進出は難しいというのが飲食業界の定説だったが、そのジンクスを打ち破ったことも話題になった。そんな同店が開店当初から柱に据えたのが「野菜巻き串」。普通の串焼きでは勝負できないと考案した創作串で、発想のきっかけになったのは焼鳥屋でよく見るベーコン巻き。もっといろいろな野菜に合い、さらにおいしさを引き立てる食材はないか考え、豚バラ肉にたどり着いた。野菜とともに重要になる豚バラ肉は糸島産を厳選し、薄さ1.5mmにスライス。この極薄仕様が野菜の食感、味わいを引き立てると店主の増田圭紀さんは話す。さらに、お客へのプレゼン方法もヒットの大きな要因。おすすめのネタを木箱に並べ、客席で見せるというシンプルな方法だが、見た目から野菜の鮮度の良さをアピールするのに一役。2018年2月には野菜巻き串が主軸の2号店、ビストロスタイルの3号店をオープンするなど、ますます福岡で勢力を拡大中だ。

SHOP DATA 住所：福岡県福岡市中央区大名2-1-29 AIビルC館1F　TEL：092-715-4550　規模：30席

極薄切りの糸島産豚バラ肉

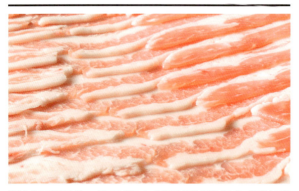

肝となるのは厚さ1.5mmにスライスした、福岡県糸島産豚バラ肉。極限まで薄くすることで、加熱時間が短くてすむ上、ジューシーな食感になる。さらに、中に巻く野菜本来の食感を焼き過ぎにより損なうのを防ぐ狙いも。糸島産豚を使用するのは脂身のおいしさが一番の理由だ。

炭火に近いヒゴグリラー

スイッチをオンにしてから90秒で850℃まで温度を上げることができる電気式グリラー「ヒゴグリラー」を採用。発熱体の表面温度が高温なので、焼き汁やタレが落ちても一瞬ではじき消え、煙が出にくいのもメリットだ。火床が汚れにくいので、掃除が楽なのもポイント。

ポン酢

レタス豚巻き串、万ネギ豚巻き串など、定番人気の野菜巻き串にかける自家製ポン酢。だしで割ることでマイルドな味わいに仕上げている。

野菜巻き串
やさい巻き串屋 ねじけもん

レタス豚巻き串
280円

高温、短時間で焼き上げることで、レタスのシャキッとした食感をしっかり感じられる1本。だしで割った自家製ポン酢をかけて提供し、さっぱり味わえる。

1

豚バラ肉3枚の幅に合わせてカットしたレタスを3〜4枚重ね、そのまま巻いていく。最初にレタスをしっかり巻いておくと、外側から豚バラ肉が巻きやすい。

2

レタスは外側に広がろうとするので、しっかり指で押さえながら巻くのがコツ。レタスの量に対し、豚バラ肉がやや長いぐらいの方が巻き止めしやすい。巻き終わったレタスの中心に串を刺して、完成。

NEW KUSI №.01
FUKUOKA / DAIMYO

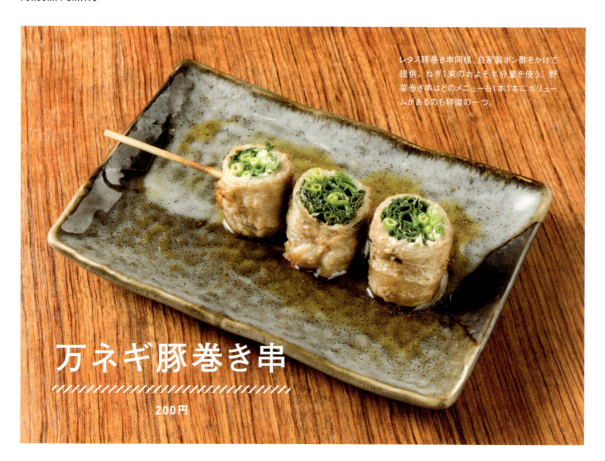

レタス豚巻き串同様、自家製ポン酢をかけて提供。ねぎ1束のおよそ半分量を使う。野菜巻き串はどのメニューも1本1本にボリュームがあるのも特徴の一つ。

万ネギ豚巻き串
200円

1

万能ねぎを半分にカットした長さ分、豚バラ肉を並べる。同店ではおよそ6枚が目安。豚バラ肉が少し重なるぐらいの間隔で並べると巻き終えた時に隙間ができず、見た目にも美しい。

2

万能ねぎは根元と先端で太さが違うので、半分にカットして束ねた時に太さが均一になるようにする。巻いていく際は竹串を軸にすると、キレイにしっかりと巻ける。

3

巻き終わったら、4〜5cm幅にカットする。生の状態だと大きすぎる気がするが、焼くとねぎや豚肉が縮むことを見込んでのこと。また、豚肉は焼くとギュッと締まっていくので、仕込みの段階で野菜を強く巻きすぎないことも大切。

野菜巻き串
やさい巻き串屋 ねじけもん

モッツァレラのズッキーニ巻き串

250円

豚バラ肉を使わない、一風変わった串もの。薄くスライスしたズッキーニでモッツァレラチーズを巻いている。仕上げにバジルソースをかけることで、イタリアン風の味わいに。

1

ズッキーニはスライサーで1.5mmほどの厚みにスライスする。長さは15cm程度を目安に。短すぎるとモッツァレラチーズが巻きづらく、長すぎるとズッキーニが主張しすぎる。

2

ひと口サイズにカットしたモッツァレラチーズを、スライスしたズッキーニで巻く。豚バラ肉の時と同様、あまり強く巻きすぎないように。

3

巻き終わったら串に3個刺して完成。モッツァレラチーズがズッキーニからはみ出ないようにするのは、焼いた時に外側に溶け落ちるのを防ぐため。

アボカド巻き串

200円

アボカドは食感を生かすため、大きめにカット。味つけは塩胡椒のみ。女性のオーダー率が高い一品。

アボカドは加熱調理するので、熟しすぎていないものを使用。極薄にスライスした豚バラ肉のジューシーな食感との相性が良い。

オクラ豚巻き

200円

定番の巻き串だが、豚バラ肉が極薄なことで、オクラの食感、味わいが生きている。味付けは塩胡椒のみ。

豚バラ肉3枚で1本のオクラを巻いて、それを半分にカットし、串に刺す。串1本で2本のオクラを使う。

野菜巻き串
やさい巻き串屋 ねじけもん

とうみょう豚巻き串
180円

生の状態だと豆苗が多すぎるように感じるが、焼くと水分が抜けてかなり縮む。

野菜巻き串メニューの中で唯一、タレで味つけする。その理由は豆苗はややクセのある味わいのため、塩胡椒のみだと好みが分かれるから。シャキシャキとした食感と、甘辛いタレの味わいで勝負する1本だ。

継ぎ足しで作る自家製ダレ

「とうみょう豚巻き串」や「タレつくね」、通常の焼鳥メニューに使う甘辛の自家製ダレ。醤油をベースにリンゴやアプリコットジャムなどフルーツの甘味、香味野菜の風味を生かす。焼くことで香ばしさも引き立つ。

りんご巻き串
200円

リンゴは火を入れるのでできるだけシャキッとした食感の品種を厳選。味つけは塩胡椒のみ。

不定期で登場するフルーツ使用の巻き串で、女性のオーダー率が高い。塩胡椒の塩気がリンゴの甘味を引き立て、意外にビールやハイボール、生搾りレモンサワーなどドライなアルコールと相性が良い。

NEW KUSI No.01
FUKUOKA / DAIMYO

長芋しそ巻き串

300円

長いものシャキシャキ食感に、大葉の爽やかさがマッチする王道メニュー。長いもは火が通りにくいので、熱源からやや遠い場所でじっくり焼くのがポイント。

長いもは火を通しても縮まないので生の状態から、食べやすいひと口サイズで仕込みを行う。外側から豚バラ肉、大葉、長いもの3層構造に。

ブロッコリーチーズ巻き串

200円

ブロッコリーと豚バラ肉だけでも十分おいしいが、チーズを加えることで、洋風な味わいになる。通常は完全に豚バラ肉でブロッコリーとチーズを包む形で提供している。

ねぎや豆苗などとは異なり、ブロッコリーとチーズを1つ1つ豚バラ肉で巻いていく手間暇かかるメニュー。豚バラ肉で完全に包むのは、蒸し上げるように焼くため。

野菜巻き串
やさい巻き串屋 ねじけもん

にらチーズ串

200円

半分にカットしたにらを束ね、豚バラ肉で巻き、巻き終わったらカット。仕込みの要領は万能ねぎを巻く時と同じ。

にら特有のシャキッとした食感がほどよく残るように焼くのがポイント。味つけは塩胡椒のみ。チーズを入れることで、女性からのオーダー率がアップ。

半熟卵のベーコンエッグ

180円

外側から触るとまだブヨブヨとしているぐらい半熟のゆで卵をそのままベーコンで巻くだけとシンプルな作り方。

焼き終わった後に半分にカットして提供。中まで熱々だが、焼きすぎて黄身が固まりすぎないように注意。味つけは塩胡椒のみ。ベーコン自体も塩気があるので、シンプルにゆで卵で作る。

トッポギチーズの
ベーコン明太串

200円

韓国の棒状の餅に明太子を添えて、ベーコンで巻いた1本。ベーコン巻きメニューの中では1、2位の人気を誇る。

トッポギはうるち米が原料だけに歯切れが良く、串焼きに最適。味わいに深みがある明太子がアクセントになり、全体をうまくまとめている。

塩つくね

250円

野菜巻き串ではないが、自信作のつくね。豚と鶏のミンチをブレンドした自家製で、豚の背脂を入れることでジューシーな食感になる。

高火力のグリラーで一気に焼き上げることで肉汁を中にしっかり閉じ込める。塩のほか、継ぎ足しで作る自家製タレも提供。

キーマカレーのきりたんぽ串

300円

炊きたてのご飯をつぶし、串に付けて焼いたきりたんぽに自家製キーマカレーをかけて提供。牛と豚の合い挽き肉を使うキーマカレーは玉ねぎ、トマト、にんじん、ピーマン、セロリなど野菜たっぷり。香辛料も10種使い、スパイシーな味わいに仕上げる。

福岡に根付く屋台文化からインスピレーションを得た屋外席。店の賑わいが通りすがりの人にも分かり、お客を呼び込む効果もある。

※価格はすべて税抜

NEW KUSI No.02
FUKUOKA / KEGO

NEW KUSI No.02
創作串揚げ

福岡・警固
フリトゥー・ル・ズ 糀ナチュレ

創作串揚げ
フリトゥー・ル・ズ 糀ナチュレ

塩糀で食材の旨味を昇華
ワインと合う素材重視の串揚げ

串揚げと常時50種以上をラインナップするワインを柱に据え、追加で単品注文はできるものの、基本はコースのみで提供。前菜1皿に串揚げ8～10品がつく「おまかせ串揚げ」3800円、前菜3皿、シメの佐賀牛カレー、デザート、ハーブティーと串揚げ以外の料理の品数が増える「おまかせコース」5500円の2コース（税込）を用意する。常連客の心をつかむのは、各食材に合わせたパン粉のつけ方、火の入れ具合など、揚げの技はもちろんだが、一番はやはり食事を通して九州の四季を感じられる点だ。野菜や果物は知り合いの農家から直接仕入れるほか、複数の八百屋と日々やりとりし、その時期、最高においしい農作物を厳選する。このように、こだわって仕入れる素材だからこそ、食材本来の味わいを大切に調理し、そのスタイルが40～60代の女性を中心に高い評価を得ている。1本1本すべてに手を抜かず、オリジナリティも随所に光る同店の串揚げ。繊細な技術や調理法、調味料との組み合わせ方など、関西風の串揚げとは一線を画している。

SHOP DATA　住所：福岡県福岡市中央区警固2-13-7オークビルⅡ1F　電話：092-722-0222／規模：16席

塩糀、極細パン粉、衣

塩糀は大分県佐伯市の『糀屋本店』から仕入れ、1ヵ月ほど熟成させて使用。パン粉は揚げた時に焦げにくいよう、糖分を入れずに焼いてもらったパンから製造。挽き目は一番細かいもので発注している。小麦粉がベースの衣は空気を抜くために一晩寝かせ、極力薄い衣に仕上げる。

塩糀で素材の旨味を引き出す

どの食材も、衣、パン粉をつける前に、必ずペースト状にした塩糀を塗る。塗った後は、なじませるために、10〜15分程度おいてから調理に入るのが基本。それぞれの食材に下味として、淡い塩味をつける意味もある。

米油100%

使用する油は米油100%。さらりとしているので揚げた後の油切れがよく、食べても体に残りにくい。同店の場合、さらに油切れをよくするために油の温度は190℃と高めの設定にしている。揚げた後、必ずペーパーで余分な油を吸い取るなど、油っぽさを徹底的に排除する。

調味料

串揚げとともに供される調味料は、串揚げの調理にも使われる塩糀、香ばしいごま塩、オレンジ果汁を使用したポン酢をだしの味わいが優しい天つゆで割った自家製ダレの3種。

創作串揚げ
フリトゥー・ル・ズ 糀ナチュレ

佐賀牛の赤身

500円

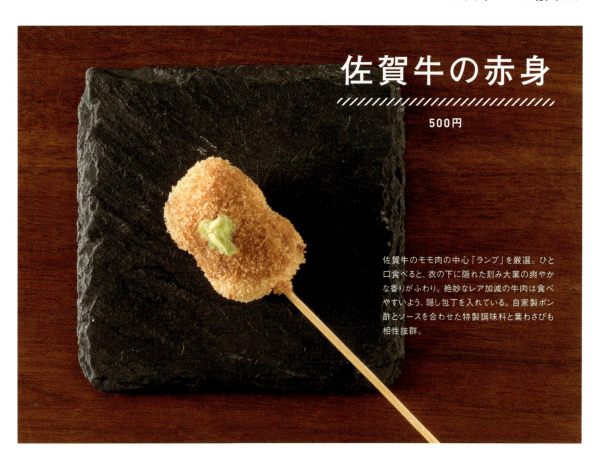

佐賀牛のモモ肉の中心「ランプ」を厳選。ひと口食べると、衣の下に隠れた刻み大葉の爽やかな香りがふわり。絶妙なレア加減の牛肉は食べやすいよう、隠し包丁を入れている。自家製ポン酢とソースを合わせた特製調味料と葉わさびも相性抜群。

1
牛肉の表面に大葉をまとわせる。大葉は牛肉の食感の邪魔をしないように、5mmほどの大きさに刻む。

2
牛肉はほかの食材よりもやや厚めに衣をつける。理由は肉汁を外に逃がしにくくするのと、食材自体が持つ水分で"蒸すように揚げる"という基本の考えから、火の通り具合を考えてのこと。

3
柔らかくジューシーな牛肉に対し、パン粉の衣が食感のアクセントになるので、パン粉はしっかりつける。食材をパン粉で包み込み、手のひらでパン粉ごと優しい力でもむイメージ。

4
揚げて、余分な油を吸いとったら、ポン酢とソースをブレンドした特製調味料と葉わさびをのせて完成。

NEW KUSI No.02
FUKUOKA / KEGO

車エビは口触りが悪い殻部分をすべて取り除き、頭から尻尾まで1尾丸々串揚げに。衣がやや厚めで、サックリしているので、より車エビのプリッとした食感が引き立つ。

天草の車エビ
600円

1

表面がツルッとした食材は衣が滑り落ちやすいので、2度塗りする。1度塗って、ザルの上で少しだけ表面を乾燥させ、2度目の塗りへ。こうすることで、均一に食材に衣をつけることができる。

2

同店では、車エビはパン粉を厚めにつける食材の1つ。油が190℃と高温なため、食感がものをいう車エビは揚げ時間がシビア。パン粉を厚めにつけることで、車エビが持つ水分を逃がすことなく、プリッと揚げきる。

3

火が通りにくい頭部分だけを5秒ほど油に入れ、それから全体を油に投入。揚げ始めると同時に音が変わってくるので、サッと油から引き出す。食材自体が60℃強ぐらいになるよう揚げると、プリッとした食感と甘み、旨味が引き立つ。

4

青さのり、生姜、おかゆを1度火入れして、なめらかなペースト状にした、車エビ専用のソースを添える。

創作串揚げ
フリトゥー・ル・ズ 糀ナチュレ

長崎のハモ
500円

パン粉の代わりに砕いたおかきを、衣として活用した変わり種の一品。極細のパン粉の軽い食感とは違い、カリッと大胆に香ばしく、さらに上に添えられた梅肉と花穂紫蘇が爽やかに香る。ハモの身は驚くほどふっくらと仕上がっており、カリッとした衣と相性抜群だ。

1
ハモの骨切りは2mm幅。骨切りの幅を狭くすると、骨は気にならないが、ハモ本来の味わいが抜けてしまう。

2
塩糀を塗った後は、衣がつきやすいよう、小麦粉をまぶす。

3
衣は全体的に厚めにつけるが、皮面についた衣はできる限り落とすのがポイント。揚げた時に皮面から魚の臭み、余計な水分を抜くのが狙いで、さらに揚げた時に香ばしくパリッとした食感にするため。

4
パン粉ではなくて、砕いたおかきを衣代わりにつける。コースのみの同店では、串揚げコース途中のアクセント的な要素として、衣が変わり種の同メニューを提供している。皮面には極力衣をつけないように。おかきを衣代わりにするのはハモ、アナゴ、牡蠣。

5
揚げ終わったら、大根おろし、オレンジ果汁ベースの自家製ポン酢、酸味がそこまで強くない梅肉、花穂紫蘇をのせて完成。

NEW KUSI No.02
FUKUOKA / KEGO

新れんこん(写真)の場合、厚切りにし、モチッとした食感を引き出すよう余熱調理を行う。ひねれんこんの場合は厚みも3分の2程度で、余熱調理せず、シャキッとした食感を前面に打ち出す。

佐賀県白石町のれんこん
300円

1

衣づけは1回。ザルの上で余分な衣を落とすと同時に、表面をやや乾燥させ、パン粉がつきやすいようにする。

2

れんこんは揚げ時間が長いので、パン粉で食材を包み込んだ後も、上からパン粉をふりかけ、パン粉を穴の奥までまんべんなくつけるようにする。

3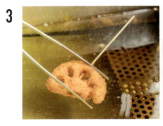

ほかの食材よりもしっかりきつね色になってから油から上げる。厚切りの新れんこんの場合、さらにその後、熱が逃げにくいよう、キッチンペーパー、ふきんなどで包み、余熱で中まで火を入れていく。

創作串揚げ

フリトゥー・ル・ズ 糀ナチュレ

水分を多く含んだジューシーな白なす本来の食感と、パン粉の衣を厚めにつけた上面のサクッとした食感の対比が技ありの一品。上面には、自家製甘酒でマイルドな味わいに仕上げた特製の酢味噌を添える。

唐津市七山の白なす

200円

1

パン粉がつきやすいよう、衣を2度づけし、パン粉を全体につける。

2

パン粉をつけた白なすの上面にする側にさらに衣を塗り、もう1度、その面だけパン粉をつける。揚げ上がった時に、歯に当たる上面はサクッとした食感になり、下面は白なすのジューシーな食感を感じてもらうための工夫。

蒸しアワビ

800円

昆布と日本酒で蒸し上げるのは、アワビが持つ磯の風味をより引き出すため。じっくり蒸し上げることで身は驚くほど柔らかく、この串揚げを食べるためにリピートする常連客も多い。

1

昆布、日本酒と一緒に蒸し上げたアワビを使用。串揚げにする際は半分にカット。蒸し上げた際に出てきた汁は、次回のアワビの仕込みに再利用する。

2

衣、パン粉は比較的しっかりつける。蒸し調理をしているので、揚げ時間は短めでOK。

創作串揚げ
フリトゥー・ル・ズ 糀ナチュレ

熊本の真ダイ昆布締め
400円

白身の真ダイは味わいが淡泊なので、3日間ほどかけて昆布締めし、旨味をプラス。真ダイが持つ水分で蒸し上げるイメージで、短い時間で揚げきることでふっくらとした食感に仕上がる。梅肉と花穂紫蘇を添えて提供。

1

真ダイは昆布の旨味を深めに浸透させるために、3日間を目安に昆布締めを行う。

2

1度衣をつけた真ダイはザルの上で表面を軽く乾燥させ、2度づけ。パン粉がまんべんなくつくよう、しっかり衣をまとわせる。

3

しっかりパン粉をつけたら、立っているパン粉を寝かせるイメージで手のひらで包み込む。こうすることで、揚げた後に油がパン粉に残りにくくなり、素材の味わいがストレートに感じやすくなる。淡泊な味わいの真ダイならではのひと工夫。

ごぼうの含め煮

200円

含め煮した際に使用する醤油やみりんが、揚げることで焦げ由来の香ばしさに。表面を薄く削ぎ落として提供するのは、口に持っていった時に香りをより強く感じさせる工夫だ。含め煮するのには、柔らかな食感に仕上げる理由もある。

1　昆布だしと日本酒をメインに、少量のみりんと醤油を入れた汁で煮て、冷ましていく行程で中までしっかり味を染み込ませる。このごぼうを串揚げに調理していく。

2　パン粉は上からふりかける。ごぼうの表面が少し見えているぐらい薄めにつけることで、揚げた時にごぼうに染み込んでいる醤油やみりんがうっすら焦げ、より香ばしい味わいになる。

本マグロの大トロ漬け

700円

とろけるように柔らかい漬けマグロとカリッとした揚げ餅の食感の違いはもちろん、冷たい本マグロの大トロ漬けと、熱い揚げ餅の温度差が楽しい。シャキッとした食感の葉わさびがアクセント。

1　餅を揚げる。中身が出てきて、細かな気泡が餅の周りを包んできたら、引き上げ時。

2　揚げ餅の上に漬けマグロをのせる。マグロはみりん、煮切り醤油、昆布を入れた漬け込み汁に3日間ほど漬け込んだもの。

創作串揚げ
フリトゥー・ル・ズ 糀ナチュレ

さつまいも
400円

コースの場合は、デザート的な位置づけで最後に供される。熊本県産を使うことが多く、11月に収穫されたさつまいもを、土の中で寝かし、糖度を上げている。スイートポテトのようなねっとりとした口当たり。

1

水に1時間程度浸したさつまいもをアルミホイルで包み、1〜2時間オーブンで焼く。その後、1〜2時間放置しておくと、さつまいもに含まれる蜜が表面ににじみ出てくる。これを串揚げに調理していく。

2

パン粉は上からふりかけて、極力薄めにつける。下処理したさつまいもから出てきた蜜がパン粉に吸われ、それを揚げることで、キャラメリゼしたようなカリッとした口当たりになる。

NEW KUSI No.02
FUKUOKA / KEGO

唐津のイチジク
200円

加熱してもおいしいイチジクを串揚げにアレンジ。香辛料との相性がよいので、生姜を添えて提供。オレンジ果汁入りのポン酢を天つゆで割った自家製ダレとの相性がよい。夏はブドウ、秋はクリなど、旬の果物を使用する。

1 フレッシュなイチジクを使用。皮を剥き、半分にカットし、串に刺して準備完了。

2 衣は2回塗り、パン粉もしっかりつける。

3 すりおろした生姜を添えて完成。生姜の香りと風味が、イチジクが元々持っているスパイシーなフレーバーを引き立てる。

創作串揚げ
フリトゥー・ル・ズ 糀ナチュレ

山芋
200円

皮がついた側面はパン粉をつけていないので、素揚げ状態になり、香ばしさが際立つ。中は完全に火を通さないことでシャッキリと、モッチリの2つの食感のコントラストが楽しめる。余熱調理がものをいう食材だ。

1

衣は皮を残した側面にはつけないのがポイント。衣がついていないので、パン粉ももちろんつかない。狙いは皮面を素揚げ状態にすることで香ばしさを際立たせるため。

2

山芋はシャリッとした食感も残したいので、厚めにカットしている。その分、揚げ時間も長め。油から上げた後は、キッチンペーパー、ふきんなどで包み、余熱で中まで火を入れていく。比較的、火がしっかり入っている部分はモチッとした食感に仕上がる。

唐津市七山の
スナップエンドウ

200円

揚げ時間を短くすることで、スナップエンドウの甘みを強く感じる上、素材本来の食感もしっかり生きている。揚げ終わったら、エビの頭を炒って粉末にし、塩とブレンドした、特製のエビ塩をひとつまみふって提供。

1  表面がツルッとした質感の食材は、衣がつきにくいので、ザルの上で表面を軽く乾燥させ、それからパン粉をつける。

2  パン粉はできるだけ薄めにつけたいので、上から振りかける程度でOK。スナップエンドウの表面がまだ見えているぐらいを目安に。

唐津の
甘長唐辛子

300円

唐辛子の一種だが、辛さは弱く甘みが強い。パン粉の衣は比較的しっかりついているので、ひと口目はサクッとした食感。塩糀やごま塩をつけて食べると、野菜本来の甘みが引き立つ印象。

1  表面がツルッとしているので、衣に1度つけたあと、20秒ほどザルの上で表面を乾燥させる。そうすることでパン粉がつきやすくなる。

2  パン粉はごく薄めにつけて、上部は素揚げ状態にする。上部は食べられないことはないが、辛みが強いものが多いので、残してもらうように、このような形で揚げる。

創作串揚げ

フリトゥー・ル・ズ 糀ナチュレ

長崎の
ヤングコーン

300円

野菜の自然な甘みを生かす。火が通りにくい素材なので、パン粉の衣は厚めにつけて、素材が持つ水分で蒸すイメージで揚げる。固すぎず、柔らかすぎず、程よい食感に仕上げるには、揚げている時の音、気泡の大きさで判断するのが大切。

1　衣をつけたら、パン粉を厚めに均等につける。通常のとうもろこしより柔らかいとはいえ、芯までしっかりを火を通すために、外側に水分が逃げにくいようにするのが理由だ。

2　油から上げて、半分にカット。最後にエビの頭を炒って粉末にし、塩とブレンドしたエビ塩をひとつまみふりかけて完成。

カウンターでシェフが串を揚げ、出来たてを提供。ワインバーのようなシックな内装で一般的な串揚げ店とは一線を画す。

※価格はすべて税込。単品の価格は仕入れ値により変わる。

NEW KUSI No.03
OSAKA / UMEDA

NEW KUSI No.03
フレンチ串揚げ

大阪・梅田 BEIGNET
ベニエ

フレンチ串揚げ
BEIGNET ベニエ

串の本場・大阪から挑む新業態
フレンチ仕立ての串揚げ専門店

　串揚げの本場・大阪で"フレンチ串揚げ"という新しい業態を立ち上げ話題を呼ぶ『ベニエ』。ベニエとはフランス語で「衣をつけて揚げること」を意味し、同店の串揚げ（ベニエ）は天ぷら衣と似て非なるふんわりした軽い衣をまとっているのが特徴的。衣づけした素材にナッツをトッピングしたり、青さを練り込んだ衣を用いたりと衣自体アレンジし、食材の仕込みや串ごとに仕込むソースにフレンチの技法を取り入れている。揚げたてを1串または1品ずつソースなどと共に小皿に盛り、フレンチらしく1皿ずつ色合いや見立てで"あっ"と喜ばせるのが『ベニエ』の串揚げの醍醐味だ。メニューはアミューズ、オードブルから始まるコースのみで、昼は3500円と5000円コース（共に5串つき）、夜は5000円コース（7串つき）（税抜）を用意。特にディナーではソムリエがセレクトするワイン付きのペアリングコース（4杯つき3500円〜）が人気だ。白とナチュラルブラウンを基調とした上質な空間の中、目の前で料理が仕上がっていく臨場感やシェフとの会話も楽しめるカウンターは特等席。女性客をはじめビジネスの接待でもよく利用されている。

SHOP DATA　住所：大阪府大阪市北区芝田2-5-6ニュー共栄ビル1F　TEL：06-6292-2626　規模：24席

衣づくり

1／基本の衣。空気をたっぷり含んだ泡立てた卵白を加えているので揚げるとふんわりした生地になる。徐々にしぼんでくるため作り置きはできず、1時間目安で使い切る。　2／ボウルに卵黄1個、薄力粉70g、コーンスターチ20g、ビール90g、塩を入れて混ぜ合わせる。そこへ泡立てた卵白(1個分)を加える(材料は作りやすい分量)。泡立てた卵白を最後に合わせるのがポイント。　3／ヘラで下からすくって混ぜ合わせる。空気を極力つぶさないようなイメージでやさしく扱う。9割程度混ざればOK。

下味〜衣つけ〜揚げ（例:イワシ）

1／下味は、食材によってひとつまみの塩をふる。　2／衣はただでさえしぼみやすいが、そこへ直に食材をつけるとより早くしぼんでしまうため、別のボウルにとって使う。　3／イワシなど臭みのある食材は、薄衣にして香ばしく揚げる。

フライヤー「Dr.fry」

水分子コントロールという物理の力で食感や味わいを向上させるという株式会社エバートロン社製の「Dr.Fry」。食材が吸う油の吸収量を平均50%削減する機能を持ち、油切れがよく、ヘルシーな揚げ物を提供できる。同店ではキャノーラ油を使って180℃で揚げる。

フレンチ串揚げ
BEIGNET ベニエ

イワシ

波串にして揚げたイワシに赤玉ねぎのマリネを添え、マイクロコリアンダーを飾った、イワシのエスカベッシュ仕立て。同店の串揚げは季節ごとに内容が替わり、ひと月半に1度マイナーチェンジする。

薄衣にして香ばしく揚げるので臭みは気にならない。揚げ上がりは色合いや触った感覚で判断する。

NEW KUSI No.03
OSAKA / UMEDA

オマールエビ

串の下にはエストラゴン入りのマヨネーズを、上にはオマールエビの殻を乾燥させ砕いたパウダーをふる。側面にカダイフをつけているのでパリッとした食感や、オマールエビの豊かな香りが際立つ。

オマールエビの3つの部位（手、腕、しっぽ）を串刺しに。

1

食感のアクセントなどによく用いる食材、カダイフ（小麦やトウモロコシなどでできた糸状の生地）。

2

オマールエビの片面だけにカダイフをつける。

3

衣についたカダイフが寝てしまわないよう、カダイフがついた面から揚げていく。

フレンチ串揚げ
BEIGNET ベニエ

ツブ貝のマッシュルーム

石づきをとったホワイトマッシュルームに、エシャロットとともにブルギニヨンバターで炒めたツブ貝を詰めて揚げる。下味がしっかりついているので何もつけずに提供。

1	2	3

ツブ貝の具材を詰めた面だけに衣をつける。	衣をつけた面から揚げて具材にしっかり火を入れる。	ひっくり返してさらに揚げる。

甘ダイ

うすいえんどうのピューレの上に「甘ダイのベニエ」をのせ、うすいえんどうと相性のいいミントをあしらった。甘ダイのしっとりした身に対して、素揚げした鱗（うろこ）のパリパリした食感が楽しい。

1	2	3

甘ダイの身に衣をつける。鱗は素揚げするので衣はつけない。	まず鱗から揚げる。	鱗全体がパリッと立つようによく揚げる。

枝豆入りエビしんじょう

下にはオレンジジュースとフォンドボーを使ったピカラードソース、上にはオレンジとの相性からクミンをきかせたキャロットラペとウニがのる。食材の組み合わせが斬新で、食べ合わせも絶妙。

ローストしたアーモンドを片面だけにトッピング。アーモンドによって香ばしさが加わる。

白身魚のすり身とエビ、泡立てた卵白などで仕込んだ生地に、エビと枝豆を混ぜて蒸し上げたもの。

アワビ

2時間蒸し上げたアワビを肝と一緒に串刺しに。アワビの肝と赤ワインのソースを添え、新生姜のピクルス、芽ねぎをあしらった。

青さのりを加えた衣を使う。

フレンチ串揚げ
BEIGNET ベニエ

天使のエビ

「天使のエビ」の頭をカリカリに焼いてとった「エビだし」を塗り、甘エビとバジルのタルタルをのせ、フランボワーズとバジルをトッピング。エビ、ハーブ、ベリー、ナッツと香りのハーモニーが味わい深い。

全体に衣をつけた後、ローストしたくるみを片面にトッピングする。

くるみは風味と食感のアクセントに。

アナゴ

アナゴは厚みをだすためロール状にして串刺しに。仕上げにホワイトバルサミコでマリネした水なす、花穂紫蘇をトッピング。煮詰めたバルサミコソースを添えて。

039

ハモ

口当たりがやわらかいハモは、食感のアクセントにカダイフをつけて串揚げに。刻んだみょうが、山わさびのすりおろし、しそをのせ、白ワインと牛乳を泡立てたヴァン・ブランソースを添えて。

キンメダイ

キンメダイのベニエに、キンメダイのだしを使った餡をかけ、木の芽をちらした。フェメ・ド・ポワソンにカニと冬瓜を加えたソースを餡にしている。

フレンチ串揚げ
BEIGNET ベニエ

ホワイトアスパラ
生ハム巻き

ホワイトアスパラガスに対して、生ハム、温泉卵・生クリーム・チーズで作る「卵黄ソース(カルボナーラ)」、パルミジャーノレッジャーノと、イタリアに縁の食材を組み合わせた一品。

1
ホワイトアスパラの生ハムを巻いた部分だけに衣をつける。

2
衣がついた部分から揚げる。

3
ホワイトアスパラの上半分は素揚げなのでほっくりと揚がり、下半分は生ハムと衣に守られているので素材の水水しさが残る。

原木しいたけ
肉詰め

一部にパン粉をまとわせることでミンチカツのような親しみある一品に。パン粉の衣によるサクッとした食感や丸いフォルムもポイント。

1
全体に衣をつけた後、肉詰めの面だけにパン粉をつける。

2
パン粉をつけた面から揚げ、ひっくり返してさらに揚げる。

甘くなるまでよく炒めた玉ねぎなどと和えた合い挽き肉を、原木しいたけにたっぷり詰める。

大山鶏

提供時は半分にカット。上には子牛のだしを煮詰めたソースをかけ、下にはピペラードソース(赤パプリカのピューレ)を添える。刻みチョリソーとランドクレスをのせ、仕上げにパルミジャーノレッジャーノを削る。肉を使った串揚げはコースの中でも後の方で提供。

鳥取の銘柄鶏「大山鶏」のモモ肉を使用。肉にハムやチーズを挟んだ料理「コルドン・ブルー」をイメージし、身と身の間に生ハムを挟んでいる。

ロッシーニ

フォアグラとトリュフを組み合わせた料理をロッシーニという。カリッと焼いた食パンで、牛肉・フォアグラ・トリュフのソース、完熟アップルマンゴー、フォアグラのコンフィ、牛モモ肉のベニエをサンドしている。

フレンチ串揚げ
BEIGNET ベニエ

タコの赤ワイン煮込み

大阪を代表する"粉もん"たこ焼きがモチーフ。赤ワインで煮込んだタコ、マヨネーズを練り込んだ衣、タコを煮た赤ワインを煮詰めたソース、青のりの代わりとなるイタリアンパセリでたこ焼きを表現した。「ゲストを楽しませ、サプライズを！」というシェフの想いが詰まった串。

1 「衣をつける→揚げる」というプロセスを3度繰り返して生地に厚みをだす。最初にマヨネーズ入りの衣につけて揚げる。

2 再度マヨネーズ入りの衣につけて揚げる。

3 マヨネーズなしの衣につけてさらに揚げる。

043

NEW KUSI No.04
OSAKA / KITASHINCHI

NEW KUSI No.04
創作串揚げ

大阪・北新地 **again**
アゲイン

創作串揚げ
again アゲイン

素材の良さが伝わる定番串と
創作串を織り交ぜたコース1本勝負

今はなき串揚げの名店『川と山』出身の迫田大介氏が同僚だった仲村渠祥之氏を誘い、2014年に開業。2016年、17年と2年連続で「ミシュランガイド」で1つ星を獲得し、今かなり勢いのある注目店だ。店主の迫田氏は今でも昼間は勉強を兼ねて大阪市中央卸売市場の鮮魚店で働いているため、食材の目利きは確か。鮮度のいい魚介類を直接仕入れられるのが大きな強みで、魚介の串を得意としている。提供するのは7000円（税抜）のおまかせコースのみで、旬野菜20種類を鮮やかに盛りつけたサラダ、串揚げ15本、シメのお茶漬けの17品構成。串はまずシンプルに素材の旨味が伝わる車海老、牛肉などを提供。その後、趣向を凝らした創作串でお客を惹きつける。例えば「大羽鰯のゼリーのせ」は揚げた鰯の上にレモン風味のゼリーシートをのせたもの。余熱でゼリーが溶けるという串料理ではなかなか見ない演出が印象に残る。シメは「焼き鮎寿司」「目玉焼きハンバーグカレー」などの飯物。次は何が出てくるのか、お客の期待感を高めるラインナップが絶妙だ。

SHOP DATA 住所：大阪府大阪市北区曽根崎新地1-5-7 梅ばちビル3F　TEL：06-6346-0020　規模：15席

衣は極限まで薄く。
パン粉は魚、肉で使い分ける

小麦粉と水だけで作った衣は、食材の味と食感を生かすため、たっぷりつけたあとしばらく網の上に置いて余分な衣をしっかり落とす。

味が淡白な魚は細かいパン粉、肉は粗めのパン粉を使用する。

揚げ油は綿実油と太白ごま油をブレンド、鍋はオリジナルの特大雪平鍋。

串はほとんどが調味されているが、好みで味が変えられるようだし醤油、五島列島の塩、自家製ソースを提供。揚げたての串はおすすめのタレの前に置かれる。

創作串揚げ
again アゲイン

活けの車海老

『again』の"自己紹介"1本目。「高価格でも生きたエビを使うのは串カツ屋をやる上での最低限のルール」といい、素材の良いものを出すという姿勢を示す。塩、またはすだちで味わうのがおすすめ。

半熟うずらたまご

「活けの車海老」に続く『again』の"自己紹介"2本目。シンプルなうずら卵は、食べると半熟の黄身がとろけ出すよう、茹で時間を1分52秒と厳密にはかり、こだわりの一品に仕上げている。

大羽鰯のゼリーのせ

揚げたイワシにレモンのゼリーシートをのせて提供。余熱でゼリーが溶け、柑橘の風味でさっぱりとした口当たりに。菊花を散らした風情ある演出で儚く溶ける"again流・夏の風物詩"といわれている。

ハモの炙り 揚げかぶらのソース

魚介の串を得意とする『again』の真骨頂。熟練の職人がさばいた魚を、若い料理人が自由な発想でメニュー化。揚げたかぶらを包丁で食感が残る程度に軽く叩き、炙ったハモに添えている。

創作串揚げ
again アゲイン

ぶり大根

和食を串料理に落とし込んだアイデア商品。ブリは揚げると食感がパサパサになるため、濃厚な和風だしのあんにその身を使用。大根はカツオと昆布で下味をつけるにとどめ、一緒に味わった時のバランスを計算している。

かぶらじゃこ

かぶらは揚げることで独特の食感が生かされると、じゃこを衣にした串を考案。昆布で下味をつけたかぶらに細かいパン粉をつけて、すき間を作ってから衣を絡めると、じゃこが密着しやすい。

創作のお椀串

串を出す順番は日本料理のコースをイメージ。椀物に当たるのがこのメニューで、串を渡せるよう縁を削った特別な椀を用意。その日に入った新鮮な魚を揚げ、だしと季節の野菜とともに提供(写真は金目ダイ)。

とうもろこし海ぶどうとびこキャビア

とうもろこしを揚げ、海ぶどう、とびこ、キャビアをトッピング。プチプチ食感をこれでもかと楽しめる組み合わせがおもしろく、コースの中でアクセントになる1本。

創作串揚げ
again アゲイン

活けの稚鮎

調理前には水槽に入れた稚アユをお客に見せて新鮮さをアピールしている。

飛び跳ねるほど活きがいいアユを姿揚げに。鮮度がいいため、口に入れた時に身がほろほろとほどけるような食感が味わえる。見た目のインパクトも強い。

鰹と薬味のかき揚げ

ミシュランフードフェスティバルではマグロを使い「かき揚げ海鮮丼」として提供したメニューを小皿で再現。カツオのたたきに、大葉やみょうがなどの薬味のかき揚げをのせた、変化球メニューだ。

サーモンイクラ

最高品質のサーモンにイクラをトッピングし、そのまま揚げた串。イクラが落ちないよう気をつけて衣をつけ、静かに油の中へ。揚げ時間を20〜30秒と短時間にすることで、生食に近い食感に仕上がる。

カマスのカダイフ巻き

串揚げの可能性を広げる食材を探し、見つけたのがパイ生地の一種であるカダイフ。パン粉とは違う軽い歯ざわりがユニークで、カマスとの相性もいい。夏場はモロヘイヤ、オクラ、ほうれん草のネバネバソースを添える。

トリュフの入ったじゃがいも

串15本の中でもメインに位置付けられる1本。マッシュポテトに黒トリュフを練り込み、真ん中にバターを加えて揚げ、白トリュフ塩を添えている。トリュフの香りとバターのコクは、組み合わせの妙が光る。

創作串揚げ
again アゲイン

焼き鮎寿司

魚介の串を得意とする『again』は稚アユを使った串をもう1本提案。背骨とはらわたを抜いて酢飯を詰め、焼いてから揚げることで、滋味豊かで香ばしい変わり種寿司に。食通の男性客にも驚かれている。

目玉焼きハンバーグカレー

焼き鮎寿司とともに「串カツ-1グランプリ」優勝に輝いた人気メニュー。ミンチで包んだご飯を揚げ、それを自家製カレーと一緒に食べる。まさにひと口サイズのハンバーグカレーで、特に女性客に好評。

NEW KUSI No.05
野菜巻き串

大阪・難波
やさい串巻き なるとや

野菜巻き串
やさい串巻き なるとや

豚肉と野菜のバランスと
美しいビジュアルをとことん追求

　福岡・博多で大流行中の野菜串巻きを大阪で発信している『なるとや』。豚バラ肉で野菜をくるりと巻いた、野菜が主役の串が常時約20種ラインナップしている。母体は、大阪府下で店舗展開する『炭火焼とり えんや』。今まで培ってきた串物のノウハウを生かした新ジャンルを確立するため、1年間の準備期間を経て、2017年8月に同店をオープンさせた。

　一般に流通している野菜はすべて試作をつくり「豚肉で巻くと風味が増すこと」「ビジュアルが美しいこと」などを条件に、商品数を絞り込んだ。味、見た目ともにバランスを微調整するため、豚バラ肉は1mm、1.7mm、2.3mmの厚さを用意。1mm以下の違いでも、食べた時の印象はまったく異なるという。

　ただ野菜を豚肉で巻いただけではなく、素材の組み合わせやタレの個性が光る『なるとや』の野菜巻き串。SNS映えを狙った華やかなビジュアルも若い女性を中心に評判になり、オープンして1年足らずで1ヵ月は予約待ちになる人気店に成長した。

SHOP DATA　住所：大阪府大阪市中央区難波千日前7-18千田東ビル1F　TEL：06-6644-0069　規模：36席

鮮度と食感を考慮し
その日使う分だけを仕込む

野菜と豚肉の鮮度と食感を考慮し、当日使う分だけを開店前にスタッフ総出で手巻きする。基本は豚バラ肉を3枚並べ、右から順に巻いていくと効率的。野菜はすき間なくぎっしり包むと食べやすくなり豚肉との一体感がでる。

巻き終わりは切り落とし、断面がキレイなものだけを使用。焼鳥と同じく、串の下から上に大きく広がるようバランスを見ながら串を刺していく。焼鳥店で培った串打ちの技術が生かされている。

2つあるカウンター席のうち、奥のカウンター席にはショーケースを設置。野菜巻き串をディスプレイし、焼く前の美しい串の姿も見せるようにしている。

グリラーは、火力抜群で、煙の出にくい電気式ならではの機能性に目を付け「ヒゴグリラー」を導入した。「焼き」の技は焼鳥店で得た技術をフル活用。豚肉はしっとり、野菜はシャキシャキとした鮮度を保つため、何度も串を返しながら火入れする。

野菜巻き串
やさい串巻き なるとや

インパクトある桶盛りは
SNS映えすると人気が拡散

明るく元気な接客をモットーに、スタッフはほぼ20代。創作性の高い野菜巻き串は、メニュー表を見るだけではどんな串か分かりにくいため、オーダー時は全種類を桶盛りにして客前へ。写真撮影する若い女性が多数。

レタス

290円

お客の9割以上がオーダーする人気メニュー。食べた時の食感を考え、レタスはミルフィーユ状にぎっしり詰めるのがポイント。さっぱり食べられるよう酢胡椒をかけて味わう。

豚バラ肉、レタス
＋
酢胡椒

057

ニラチーズ

200円

とろけるチーズとニラの意外な組み合わせと予想外の相性の良さに驚く一品。具材とのバランスを考え、豚肉は厚みのある2.3mmを使用している。

豚バラ肉、ニラ、チーズ
＋
焼鳥のタレ

パクチー

280円

パクチーをぎっしり詰めて豚肉で巻き、焼いた後にまた大量のパクチーをトッピング。ライムと塩で爽やかに仕上げている。

豚バラ肉、パクチー
＋
ライム、塩

春菊

250円

豚肉で巻いた春菊の間に白ねぎをプラス。すき焼き風のタレで味つけし、卵黄を絡めながら味わう。すき焼きがこの1本で楽しめる、アイデア商品。

豚バラ肉、春菊、白ねぎ
＋
焼き鳥のタレ、黄身

野菜巻き串
やさい串巻き なるとや

モッツァレラ野菜巻き

250円

極薄にスライスしたズッキーニでモッツァレラチーズを巻き、ジェノバソースで味つけ。間にプチトマトを挟んだ、イタリアンな風味が特徴。

ズッキーニ、モッツァレラチーズ、
ミニトマト
＋
ジェノバソース

豆苗

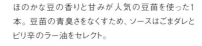

180円

ほのかな豆の香りと甘みが人気の豆苗を使った1本。豆苗の青臭さをなくすため、ソースはごまダレとピリ辛のラー油をセレクト。

豚バラ肉、豆苗
＋
ごまダレ、ラー油

茄子

250円

串は旬の野菜などの季節商品をとり入れてラインナップに変化を出している。地産地消も意識し、夏は皮と果肉がやわらかい大阪なすを提供。

豚バラ肉、大阪なす
＋
だし酢

きぬさや

200円

大きさがほぼ同じきぬさやを7枚重ねてカットすることで美しい断面に。食べた時のシャキシャキした食感もおもしろい。水分が出てしまうため塩をきつめにふり味をつけている。

豚バラ肉、きぬさや
＋
塩

えのき

180円

えのきを束ねて豚肉で細長く巻き、食べやすいよう真ん中で半分にカット。えのきの傘の部分がちょこんと見えているのがポイント。味つけはシンプルに塩のみ。

豚バラ肉、えのき
＋
塩

奴ねぎ

200円

ねぎをぎゅっと詰め込んだ断面が印象的。豚肉で巻き、火を入れることでねぎ特有の香りが抜け、旨みが残るため、ねぎが苦手な人からのオーダーもある。

豚バラ肉、ねぎ
＋
塩 or タレ

野菜巻き串
やさい串巻き なるとや

カマンベールベーコン

250円

カマンベールとの相性を考え、豚肉ではなくベーコンを使用。口に含むとチーズがとろりと溶け出す。トッピングのブラックペッパーが程よいアクセントに。

ベーコン、カマンベールチーズ
＋
ブラックペッパー、パセリ

半熟卵ベーコン

180円

半熟のゆで卵を1個まるごとベーコンで巻き、串を2本刺してグリラーで火を入れた後、半分にカット。黄身のトロリ感が見えおいしそうに見えるほか、食べやすくなる。

ベーコン、半熟ゆで卵
＋
塩、ブラックペッパー、パセリ

ヤングコーン

200円

サクサクした独特の食感が楽しいヤングコーンを大葉と豚肉で巻いた串。梅肉を添えて提供。大葉の香りが良いアクセントになり、全体をうまくまとめている。

豚バラ肉、ヤングコーン、
大葉＋梅肉

なるとや オリジナル

キーマカレー
280円

十五穀米を握って、串に刺し、8種のスパイスで作る甘めのキーマカレーをトッピング。サラダ代わりに葉野菜を添えて。

十五穀米
+
キーマカレー、パプリカパウダー

やきそば
250円

焼きそばを豚肉で包んで焼き上げたユニークな商品。ソース、マヨネーズ、紅生姜で味つけし、ひと口サイズの焼きそばが完成。

豚バラ肉、焼きそば
+
ソース、マヨネーズ、紅生姜、青のり

焼とり

自家製つくね
200円

鶏挽き肉に少量の豚肉、野菜、リンゴを加えたオリジナルつくね。肉汁があふれる、旨みの強い1本。味つけは塩orタレを選ぶ。

せせり
180円

鶏の首周りのやわらかい肉。細切りにした大葉、柚子胡椒を絡ませて焼き、ポン酢で味つけ。大葉の香味は甘みある肉質と好相性。

ずり
100円

独特の歯ごたえにファンが多いずり。間にセロリとししとうを挟んで、味、香り、食感にアクセントができるよう工夫している。

※価格はすべて税抜

NEW KUSI No.06
創作串揚げ
京都・河原町
コテツ

創作串揚げ
コテツ

旬の素材を使った創作串が評判
路地裏の小さな串揚げ専門店

京都・四条界隈で焼鳥店や串焼店を営む(株)ちゃぶ家が2012年に開いた『コテツ』。(株)ちゃぶ家代表の小山利行さんは「串揚げは焼鳥・串焼以上に、旬の魚貝や野菜を素材として扱えるのが魅力。お酒のあてではなく料理として楽しめる串揚げを提供したかった」と話す。そのため『コテツ』では、素材の合わせ方やトッピングなどで何かしら手を加え、串によって専用のソースやつけ汁を用意するなど、専門店ならではの工夫を凝らす。また、串揚げは胃にもたれやすいため、あっさりした仕上がりになるよう、衣の配合を工夫するとともにパン粉を厳選。さらに「重要なプロセス」と小山さんがいうのが、揚げた後、天紙にほとんどつかないくらいにしっかりと油を切ること。こうした方法により「あっさりして食べやすい」「次々串が進む」と評判を得ている。串揚げは季節ものを約12種、定番約14種を用意し、お客の多くはおまかせ5本セット900円、10本セット1800円(各税抜)のいずれかを注文。カウンター11席の店内は10～70代までの地元客や常連客で連日盛況となっている。

SHOP DATA 住所:京都府京都市下京区船頭町232-2　TEL:075-371-5883　規模:11席

薄衣にしてラードで揚げる

1

下味をした素材に、まんべんなく薄力粉をつける。余分な薄力粉はふり落とす。下味は、しっかり味がついている素材以外、多くは酒と塩でつける。

ズッキーニや玉ねぎなど表面がつるっとした素材は、下味をした後、粉がつきやすいように少しおいて水分を出してから薄力粉をつける。

2

衣につける前に、素材の形を整え直す。

4

メッシュが細かい乾燥パン粉をしっかりつける。余分なパン粉は払い落とす。

3

衣は小麦粉、水、卵で作るが、あっさりした味わいに仕上げるため配合を工夫している。

5

香ばしく仕上げるため約175℃のラードで揚げる。

しっかりと油を切る

6

串を回すなどしてしっかりと油を切る。これを"する"のと"しない"のとでは串の進み具合が大きく変わってくる。

下駄に盛る

揚げた串は下駄に盛る。それによって皿盛りよりも洗い物が少なく済む点は、店が5坪と狭小店舗ならではの工夫だ。

涼厨フライヤー

株式会社マルゼンが大阪ガスと共同開発した「涼厨フライヤー」の卓上タイプ。幅40cm、奥行51cm、高さ40cm（外形寸法）と、5坪の店内にフィットするサイズ。油量12ℓのフライヤーで、1度に15〜20串揚げることができる。

定番メニュー

特製つくね
200円

本店の炭火焼鳥『ちゃぶや』（京都市中京区）の名物、特製つくねを使用。鶏セセリをベースに軟骨を加えて食感を出し、中心にチーズを仕込んでとろりとろける食感に。

大海老
300円

有頭のブラックタイガーを使用。ピクルスのかわりに刻んだしば漬けをタルタルソースに加えた「しばタル」を添える。

自家製ソースと昆布塩

ほとんどの素材がそのまま食べられるよう味がついているが、各席に自家製ソースと昆布塩を用意。自家製ソースはマスタードやカレー粉を隠し味にきかせたもの。

ブルーチーズコロッケ
200円

マッシュポテトにアンチョビ、ブルーチーズを混ぜ込んで成形。ハチミツに塩をふったハチミツ塩を添えて提供する。

ホタテ
200円

揚げたてに、ほんのちょっとバターをのせ、レモンをしぼる。

豚ヘレ

200円

カレー粉で下味をしたパプリカと、塩・胡椒で下味をした豚ヒレ肉をひと串に。

和牛サガリ

250円

やわらかく適度な脂身もあることから人気のサガリ。カレー粉を隠し味に使う自家製ソースで食べるようすすめている。

創作串揚げ
コテツ

> 季節メニュー

カツオタタキ

250円

新鮮なカツオを店でタタキにし、串揚げに。タタキにすることで香ばしさがでる。たっぷりの大根おろし、おろし生姜を入れたポン酢で食べてもらう。

ハモ梅肉

200円

夏季限定の串揚げの中でも特にオーダー率が高い京都の夏の風物詩、ハモ。揚げたてに梅肉と大葉をのせる。

小アユ

200円

滋賀県琵琶湖で初夏にとれる小アユ。水揚げされたばかりの新鮮な小アユを串揚げに。仕上げに山椒をふる。

キスしそ巻き

250円

夏が旬の魚、キス。あっさりした味わいのため、アクセントにしそを巻いて串揚げに。仕上げに山椒をふる。

スズキ

200円

串揚げにしたスズキに「しばタル」をトッピングし、仕上げにパセリをふる。淡泊なスズキの白身に「しばタル」がよく合う。

ずんだしんじょう

200円

魚のすり身に、すりつぶした枝豆を合わせた「しんじょう」の串揚げ。卵白が少し入っているので軽い食感。みょうが、みつばを入れた温かい和風だしで食べてもらう。

ズッキーニミートチーズ

200円

串揚げにしたズッキーニの上にミートソース、その上にチーズをのせてバーナーであぶり、粉チーズ、パプリカ、パセリをふって出来上がり。

ゴールドラッシュ

200円

薄皮で甘味のあるトウモロコシの人気品種、ゴールドラッシュ。粗塩とパセリをふり、バターをほんのちょっとのせる。

ブラウンマッシュルーム
200円

肉厚で食感も楽しめるブラウンマッシュルーム。仕上げにたっぷりの粉チーズとパセリをふる。

イチジク
250円

夏の果物、イチジク。大根おろし、みつばの葉、みょうがの千切り、すりおろした生姜を加えた和風だしを添えて提供。だしとともに供する串揚げは、常に1種は置いて味やプレゼンテーションの変化を楽しませる。

※価格はすべて税抜

洋風串揚げ
揚げバル マ・メゾン

洋食仕込みのオリジナルソースで
ワインに合う串揚げを提案

"揚げ物×ワイン"をテーマに、串揚げを洋風にアレンジし、おしゃれなバルスタイルで楽しませる『揚げバル マ・メゾン』。同店の串揚げに欠かせないのがソースの存在だ。「マ・メゾン」グループの洋食の技法を生かし、サーモンにはハーブクリームソース、メンチカツには赤ワイン粒マスタードソースといった具合に、串ごとに特製のソースをマッチングし、オリジナリティを高めている。串のラインナップは50種類近くにのぼり、1本単位で注文が可能。食べやすく軽い口当たりの衣も特徴だ。グラスワインは、オリジナル銘柄をはじめ赤・白各10種類以上を取り揃え、430円～と手頃な価格に設定。"少しずついろいろ"を叶えるメニュー構成で、メインターゲットの20～40代の女性客に訴求する。最近ではメニューの見直しも実施し、串揚げはよりワインに合う味付けに、アルコール類はワインカクテルやワインハイボールなどのラインナップを強化。強みを分かりやすく打ち出すことで、魅力アップにつなげている。

SHOP DATA 住所:愛知県名古屋市中村区名駅1-1-1 KITTE名古屋B1F　TEL:052-433-2308　規模:50席

串揚げのプロセス

1

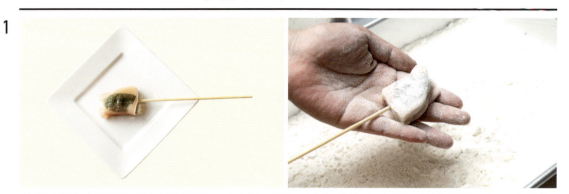

串に刺した素材に小麦粉を薄く全面にまぶす(写真はモッツァレラチーズの生ハム巻き)。粉がつきにくい場合は軽く手で押さえるようにし、余分な粉ははたく。

2

溶いた卵液にくぐらせる。

3

パン粉の中に串を埋め、上からかぶせるようにして手で少し押さえ、余分なパン粉をはたく。衣を薄付きにするため、パン粉はごく細かめのタイプを使用している。

4

揚げ油は、系列のとんかつ店でも使われる、キャノーラ油&コーン油のブレンド。揚げ時間は素材の持ち味を最もよく引き出すタイミングを意識し、衣が薄く色づく程度のカラリと軽い口当たりに仕上げる。

フライヤー

タニコーのガスフライヤーを使用。油の温度は170～175℃に保ち、素材に応じた揚げ時間で火入れ具合を調整する。

オリジナルソース

オリジナルソースは約20種類。ワインに合うよう、串の味わいに深みを与え、赤・黄・緑など、鮮やかな彩りもプラスする。

モッツァレラチーズの生ハム巻き
アプリコットソース

200円

モッツァレラチーズとバジルの葉に生ハムを巻いて揚げ、果肉入りのアプリコットソースをのせた、一番人気の串メニュー。クセがなくもっちりとしたチーズに、生ハムの塩気×アプリコットの甘みのコントラストがきいている。

アスパラの肉巻き タルタルソース

380円

特大のアスパラガスに、薄切りの豚バラ肉を巻いて揚げた定番商品。カジュアルに手で食べられるようアルミホイルを巻き、特製のタルタルソースの上に、みじん切りの玉ねぎ＆パセリ、塩、ブラックペッパーをふって仕上げる。薄付きの衣により、アスパラの歯ごたえがしっかりと感じられる。

3Lサイズのアスパラガスを丸ごと1本使用する。

素材に塩気がない今回のような場合は、下味に軽く塩胡椒をふっておく。※以降の手順は「モッツァレラチーズの生ハム巻き」と共通。

洋風串揚げ
揚げバル マ・メゾン

アボカド豚巻き サフランソース

360円

縦12等分にカットしたアボカドに、薄切りの豚バラ肉を巻いて揚げる。生クリームをベースにしたコクのあるクリームに、サフランの特有の香りと鮮やかな黄色がアクセントに。

アボカドは加熱することで、なめらかな舌触りを楽しませる。

牛かつ レフォールクリームソース

300円

中をレア状態に仕上げる火入れにこだわり、質の良い国産牛の赤身肉をシンプルに楽しませる一品。生クリームのコクの中に、西洋わさびのピリッとした辛みのあるソースが、肉の旨味を引き立てる。

国産牛のモモ肉を、25〜30gの塊のまま使用する。

外側はしっかりと火を入れ、中心部分はややレア状態に。

NEW KUSHI No.07
AICHI / NAGOYA

ピーマンの肉詰め
赤ワイン粒マスタードソース

200円

半分にカットしたピーマンに、系列のメンチかつ店特製のミンチ肉をたっぷりと詰める。

赤ワインとフォンドボーを煮詰め、粉マスタードを加えたソースの上に、串揚げにしたピーマンの肉詰めをのせる。深みのあるソースにより、ワインが進む大人の味わいに。

白ねぎの肉巻き
わさびポン酢ソース

180円

豚バラ肉を巻いた白ねぎの串揚げに、わさび＆ポン酢を煮詰めたソースを合わせる、和の串メニュー。洋風串のラインナップが充実する中、和の味わいを交え、飽きずに食べられるよう工夫している。

長さ5cmにカットした白ねぎに、豚バラ肉を巻いて3つ並べて串に刺す。

白ねぎは加熱することで甘みが増す。

洋風串揚げ
揚げバル マ・メゾン

サーモンチーズ
ハーブクリームソース

380円

刺身でも食べられる高品質
な生サーモンを使用。

分厚くカットしたサーモンを切り開き、溶けるチー
ズを包んで串揚げに。生クリーム＆白ワインを
ベースに、魚料理と相性の良いディルやタラゴ
ンなどのハーブを煮詰めたソースで、風味と香り
をプラス。

エビのしそ巻き
アプリコットマヨネーズ

300円

大葉を巻いたエビを形よく
丸め、2尾並べて串に刺す。

中華料理としてなじみ深いエビマヨネーズを串
揚げにアレンジ。大葉を巻いた爽やかなエビの
串揚げに、アプリコット、マヨネーズ、メープルシ
ロップを合わせた、甘めのソースがマッチする。

プチトマトの生ハム巻き
バジルソース

180円

イタリア料理の食材を組み合わせた串メニュー。細かく刻んだバジルとEXバージンオリーブオイルを合わせたソースの上に、串揚げにしたミニトマトの生ハム巻きを盛り、仕上げに粉チーズをふる。

生ハムでミニトマトを包み、3つ並べて串に刺す。

鴨ねぎ バルサミコ柚子胡椒

300円

鴨肉と白ねぎの串揚げに、バルサミコ酢＋柚子胡椒の和洋折衷ソースを合わせた。バルサミコ酢を煮詰めたまろやかな酸味と柚子胡椒の香りは、肉のクセを和らげると同時に、食欲をそそる効果も。

鴨肉を1切れ1〜10gにカットし、白ねぎと交互に串に刺す。

チーズINメンチカツ 赤ワイン粒マスタードソース

200円

系列店で1日3000個を売り上げるメンチカツを串揚げに。特製のミンチ肉に、溶けるチーズを包んで揚げ、粉チーズと刻んだパセリをふる。ピーマンの肉詰めと同様、赤ワインとフォンドボーを煮詰め、粉マスタードを加えたソースで本格派の味わいに。

ジューシーな肉の間から、チーズがとろりと溶け出す。

素材の配合にこだわった特製のミンチ肉を使用。

※価格はすべて税抜

NEW KUSI No.08
天ぷら串

東京・新宿 **天ぷら串 山本家**

天ぷら串 山本家

「飲める天ぷら屋」がコンセプト！
変化に富んだ串の天ぷらでファンを獲得

『串天 山本家』(東京・赤坂)の姉妹店として2017年6月に東京・新宿御苑にオープンした『天ぷら串 山本家』。同店のコンセプトは「飲める天ぷら屋」だ。経営する㈱やる気カンパニーの山本高史社長は、「普段使いができて、1週間に1度は行きたくなるような新しい天ぷら屋を目指しました」と話す。まず、お酒のつまみとして何本でも食べたくなる「天ぷら串」にするために、衣は薄くてサクッとした軽い食感を追及。一般的な天ぷらはつゆか塩で食べることが多いが、同店の「天ぷら串」は一本ごとに多彩な味つけを工夫しており、食べ飽きずに色々な串を楽しめる。さらに、山本社長の地元・徳島の野菜を中心に旬の素材を積極的に使ってお客を魅了している。同店の変化に富んだ「天ぷら串」は、山本社長の奥様で同社ヴァイスプレジデントの山本志穂氏が商品開発を手掛けており、そのおいしさとバリエーションの豊富さで多くのリピーターを獲得。25坪・月商600万円の繁盛店に成長している。

SHOP DATA　住所：東京都新宿区新宿1-2-6 御苑花忠ビル1F　TEL：03-6709-8478　規模：25坪／46席

生椎茸

250円

椎茸を軸も一緒に串にさし、その香りと食感のよさを楽しんでもらう。椎茸は1串に2個使用。1個は塩をふってレモンをのせ、もう1個はだし醤油とガーリックバター醤油で味つけし、すだちをのせている。

丸型フライヤー&菜種油100％

「天ぷら串」は丸型のフライヤーで揚げる。油は菜種油100％。油の温度は175～180℃で、素材ごとに揚げ時間を調整する。フライヤーは別にもう一台用意。色が出るエビなどの素材は別のフライヤーで揚げる。

強炭酸を加えたサクサクの衣

衣は強炭酸を加えているのが大きな特徴。強炭酸を加えることで、揚げた時に、よりサクッとした食感の衣になるという。衣はキンキンに冷やした状態で使用。これもサクッとした衣にするための工夫だ。

天ぷら串
天ぷら串 山本家

1

「天ぷら串」は、すべて打ち粉をしてから衣をつける。打ち粉をすることで、薄い衣でも揚げた時に剥がれにくくなる。素材全体に打ち粉をした後、余分な粉をよく落としてから衣をつける。

2

衣は「とにかく薄く!」を追求。「もったりした衣」ではなく、水分が多めの「サラッとした衣」にし、素材をくぐらせた時に薄く衣をつけることができるようにしている。椎茸は傘の裏に溜まった衣の液をしっかりと落とす。

3

椎茸は、最初に傘の裏の部分（軸がついていた部分）を下にして揚げる。こうして最初に傘の裏の部分の衣を「かためる」ことで、傘の裏の部分から旨みが逃げるのを防いでいる。ひっくり返して傘の表側も揚げて仕上げる。

4

椎茸の傘の裏の部分に味つけをする。2個の椎茸のうち1個は、塩をふって、レモンをのせる。

5

もう1個の椎茸は、だし醤油で味つけする。サクッと揚げた衣がしならないようにするために、スプレーでかけている。だし醤油をかけた後、自家製のガーリックバター醤油もかけ、徳島産のすだちをのせる。

089

イカ下足タタキ巾着

320円

たたいたイカに大葉やネギなどを混ぜた「イカ団子」を、裏返した油揚げで包む。油揚げを裏返すことで、衣をつけて揚げた時の食感がとてもよくなったという。味つけはだし醤油をスプレーでかけ、仕上げに刻み海苔をのせる。

「イカ団子」は、そのまま衣をつけて揚げると旨みが逃げてしまうため、油揚げで包む方法を考案。油揚げで包むことで、「イカ団子」の旨みをギュッと閉じ込める。

多彩な素材を客席で見せる

肉・魚・野菜の多彩の素材を味わってもらう「天ぷら串」は、揚げる前の素材を客席で見せる。素材のよさをアピールしながら、「天ぷら串」に対する来店客の期待感を高めている。

明太大葉巻き

280円

明太子を大葉で包んで串にさす。揚げる際は、明太子に火が入りすぎないようにする。明太子の辛味とともにトロっとした食感も楽しめるようにし、お酒が進む一品として人気だ。仕上げに軽く塩をふって提供。

1

明太子を4等分にカットしたものを大葉で包む。大葉の香りが明太子とよく合い、一度食べるとクセになるファンが多い。

2

明太子を大葉で包んだものを、串に2個さす。揚げると大葉の緑がよく映える。「大葉のパリっとした食感と、明太子のトロッとした食感」という食感の組み合わせでも大葉と明太子は相性がよい。

阿波どりのササミ シャキシャキわさび添え

280円

徳島産の食材にこだわっている同店らしい一品。徳島産のブランド鶏「阿波尾鶏」のササミを「天ぷら串」にした。肉の柔らかさが魅力のササミの天ぷらを、シャキシャキの食感の茎ワサビとともに味わってもらう。

1

打ち粉をして衣をつけたササミを油に入れる。ササミは衣が剥がれやすいため、油に入れた後に衣を少し足す。ササミに衣をまとわせるような感じで、衣の液を上から落とす。他に、トマトの「天ぷら串」なども同様に衣を足す。

2

ササミの「天ぷら串」は塩をふって提供。黒い皿を使っているので、ふった塩が皿にのっているのが見た目にも分かる。塩味を足したい場合は、皿にのった塩をつけてもらう。

天ぷら串
天ぷら串 山本家

穂付ヤングコーン豚バラ巻

380円

穂の部分が甘く、皮も柔らかいヤングコーンのおいしさを「天ぷら串」で味わってもらう。下茹でしたヤングコーンを穂と皮をつけたまま豚肉で巻く。同店は旬の素材を積極的に使っており、ヤングコーンは取材時の夏の食材。

1

下茹でしておいたヤングコーンの皮を少し剥く。残した皮はそのまま使用。穂の部分を折りたたんで、豚肉で巻きやすい形にする。

2

豚バラ肉でヤングコーンを巻く。少しずつ巻く場所をずらしながら、くるくると全体を巻いていき、端の茎の部分はきり落とす。ヤングコーンの大きさに合わせて3～4等分にカットし、串にさす。

『天ぷら串 山本家』の"豚バラ巻"バリエーション

野菜を豚バラ肉で巻くスタイルで、多彩な「天ぷら串」を提供している。豚バラ肉は徳島産のブランド豚「阿波ポーク」を使い、素材にもこだわる。使用する野菜に合わせた味つけの工夫でも、豚バラ巻の魅力を高めている。

レタスとチーズ豚バラ巻

320円

チーズとレタスを豚バラ肉で巻く。「お好み焼き風」のソースとマヨネーズで、お酒が進む味わいにしている。

ニンニクの芽豚バラ巻

280円

ニンニクの芽の香りと食感を生かした豚バラ巻。だし醤油をスプレーでかけて、白ゴマと刻んだ万能ねぎをのせる。

アボカドとチーズ豚バラ巻

320円

豚肉で巻いたアボカドのトロっとしたおいしさを楽しめる。味つけは、塩・胡椒、もしくはだし醤油から選べる。

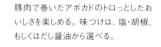

谷中生姜豚バラ巻

360円

夏の食材・谷中生姜のシャキッとした食感に、豚バラ肉のジューシーな味わいがマッチ。ニンニク味噌をのせて提供。

万能ねぎ豚バラ巻

200円

たっぷりの万能ネギを豚バラ肉で巻き、ソースとマヨネーズで味つけ。ネギの香味で後味はさっぱりとしている。

茗荷豚バラ巻

300円

仕上げの味つけに、塩とともに黒胡椒を使用。茗荷の爽やかな香りと、黒胡椒のスパイシーさがよく合う。

徳島産れんこん だし醤油

280円

蓮根を厚めにカットして「天ぷら串」にし、アツアツ、ホクホクのおいしさを堪能してもらう。味つけは、スプレーでかけるだし醤油。蓮根の素材のおいしさとともに、同店特製のだし醤油の香りのよさを楽しめる。

1

打ち粉をし、余分な粉をしっかりと落としてから衣をつける。蓮根は、穴の部分に衣の液が溜まりやすいので、それをしっかりと落としてから油に入れる。

2

蓮根のシャキっとした食感を残すように揚げ、だし醤油をスプレーでかける。同店特製のだし醤油は、熊本の老舗醤油メーカー「橋本醤油」の醤油を用いて作っている。

ゴーヤと海老

320円

夏の食材・ゴーヤをユニークに活用した「天ぷら串」。殻をむいたエビ（ブラックタイガー）を、半月切りにしたゴーヤで巻くようにして串にさす。スイートチリソースをかけて、エスニック風の新感覚の味わいも魅力にしている。

ヤングコーン カレー塩

200円

カレー風味の食欲をそそる味つけで提供するヤングコーン。塩とスパイスを配合して作るカレー塩は香りが豊かで、提供時にはカレーの匂いが立ち昇る。その匂いに誘われて、他の席からも連鎖的に注文が入ることが多い。

白いトウモロコシ、「ピュアホワイト」の「天ぷら串」（250円）も提供。沖縄産の「雪塩」を別添えにし、好みの塩加減で食べてもらう。「ピュアホワイト」の甘みのあるおいしさが、塩味で一層引き立つ。

新鮮なアジとオクラ

400円

旬の魚を使った「天ぷら串」も提供している。刺身にもできる新鮮な魚を使用する。夏が旬のアジは三枚におろして茗荷とオクラを巻く。自家製ポン酢をかけてさっぱりとした味わいにし、刻んだ大葉、おろし生姜ものせる。

稚鮎（和歌山）

320円

夏には「稚鮎」も提供。手頃な価格で、気軽に鮎を味わえることから好評だ。サイズの小さい稚鮎は、天ぷらにすると頭の部分も丸ごとおいしく味わえる。味つけは塩がよく合い、好みでレモンを絞ってもらう。

稚鮎はサイズが小さいことから、丸ごと一尾を串にさし、衣をつけて揚げる。同店のサクッとした軽い食感の衣が、身がしっとりと柔らかい稚鮎にマッチしている。

茄子の味噌田楽

180円

天ぷらの素材として馴じみのある茄子も、同店の「天ぷら串」ではひと味違ったおいしさを楽しめる。大ぶりにカットした茄子を串にさして揚げ、田楽味噌をのせて提供。八丁味噌で作る自家製の田楽味噌が茄子によく合う。

小玉ねぎ 特製カレーソース

180円

小玉ねぎの「天ぷら串」は、特製のカレーソースをのせて提供。小玉ネギには、粉末のカレー粉よりも、液状のカレーソースの方が合うことから、この提供スタイルにしている。小玉ねぎは半分にカットしたものを串にさす。

モッツァレラチーズとトマト バジルソース

300円

モッツァレラチーズとトマトを交互に串にさす。仕上げにバジルソースをかけ、イタリアン風の味わいにしている。揚げたてのチーズとトマトは、それぞれの旨みが口の中で弾けるようなおいしさだ。

マッシュルームソーセージ

280円

サラリーマンに人気のあるソーセージを「天ぷら串」にした。ソーセージと合わせたのはマッシュルーム。マッシュルームの香りがソーセージとよく合い、お酒のつまみになるおいしさを生み出している。

手づくりつくねとピーマン

300円

徳島産の「阿波尾鶏」を用いた手作りのつくねは、コリコリとしたナンコツ入り。ピーマンではさみ、衣をつけて揚げる。つくねのおいしさが引き立つ甘ダレをかけ、刻み海苔をのせて仕上げる。

厚切りベーコンとカマンベール

300円

厚切りにしたベーコンに、カマンベールチーズを組み合わせた。ビールやハイボールが進む「天ぷら串」だ。ベーコンとカマンベールチーズを交互に串にさし、仕上げの味つけは沖縄産の「雪塩」と黒胡椒。

※価格はすべて税抜

NEW KUSI No.09
うな串・串打ちジビエ
東京・新宿 新宿寅箱

うな串・串打ちジビエ
新宿寅箱

ハイクオリティーでリーズナブルな
鰻とジビエが評判。「串」でも魅了する

『新宿寅箱』は、『和GALICO 寅』(東京・池袋))の店主・杉山 亮氏が2017年5月に出店。『和GALICO 寅』で「コスパが高い」と大評判のジビエ料理を提供してきた杉山氏が、「鰻」で「ハイクオリティーでリーズナブル」を追求したのが『新宿寅箱』だ。使用する良質な鰻は、老舗の卸し会社から仕入れる。「高級店との取り引きが多い会社で、天然ものも定期的に入ってきます。自分が元々、鰻が好きだったこともありますが、この会社とのご縁が出店の決め手になりました」と杉山氏は話す。「鰻蒲焼の皿」や「鰻丸焼きの皿」を始めとした鰻メニューをリーズナブルに提供するために、サワーやおばんざいをセルフにして人件費を抑える売り方も実施。その分、鰻メニューは原価率を50%以上かけ、部位ごとの味わいが楽しめる「うな串」も人気を集めている。一方、もう一つの売り物のジビエは、基本的には塊の状態で焼くが、要予約で「串打ち」でも提供。本書ではこの「串打ちジビエ」も紹介する。

SHOP DATA 住所：東京都新宿区新宿5-10-6 宮崎ビル1F　電話：03-5357-7727／規模：11坪・25席

うな串・クリカラ

3種の串の盛り合わせで900円（以下同）

うな串・エリ

同店の「うな串」は、次頁に紹介したように「蒲焼」に使用する部分以外の各部位を用いる。「クリカラ」は、尾の先の「皮」よりも身がついている部位。鰻の身のプリっとしたおいしさを味わえる。「蒲焼」に使う部分の切れ端も「クリカラ」に活用する。

「エリ」は頭の近くの部位。ヒレの部分を含む部位で、コリコリした食感も楽しめる。「うな串」の味つけは「塩」も選べるが、おすすめは「タレ」。炭火で香ばしく焼き上げた「うな串」の旨さをタレが一層引き立てる。

うな串・串打ちジビエ
新宿寅箱

「蒲焼」と「うな串」で鰻を丸ごと使いこなす

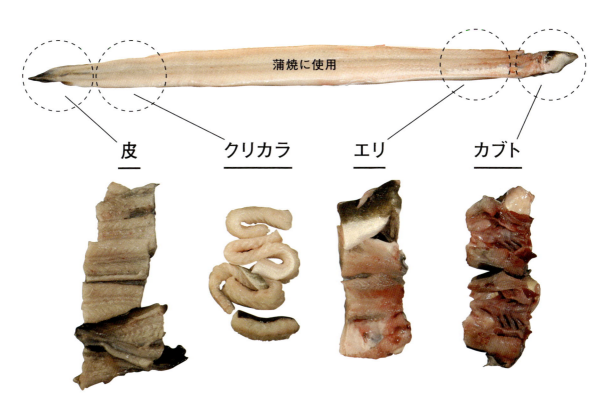

鰻は頭から尾までの丸ごとで仕入れる。「蒲焼」は蒸さずに生から焼き上げる関西風の調理スタイルで提供。「蒲焼」に使用する部分以外の「皮」「クリカラ」「エリ」「カブト」の各部位を「うな串」で提供する。すべての部位を楽しめる「鰻丸焼きの皿」も人気だ。「うな串」は他に「肝」も提供。

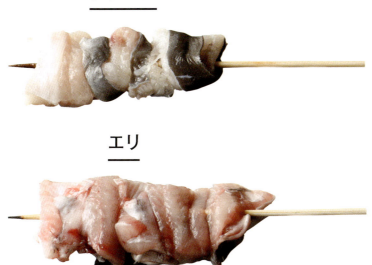

鰻の皮はかたく、串を通すのは難しい。そこで、皮と身の間を狙って串をさす。そうすることで身をくずさず、なおかつスムーズに串をさしていく。

105

うな串・皮

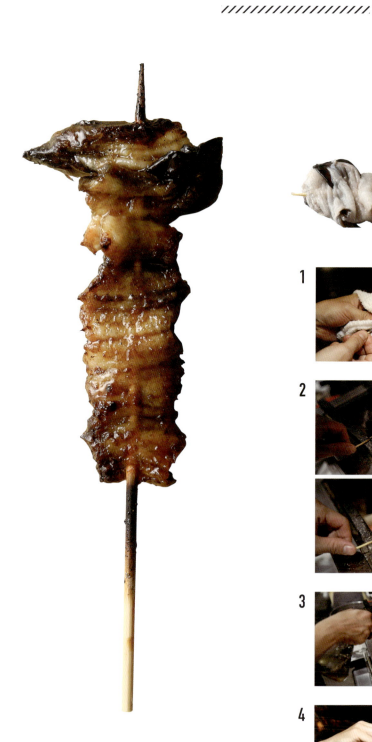

1 鰻の皮の表面のぬめりをよくふき取ることが、皮をパリッと焼き上げる秘訣の一つ。丸ごとの鰻を仕込む際に、皮全体のぬめりをしっかりとふき取り、焼く前も必要な時は再度、ぬめりをふき取る。

2 炭火で焼き上げる。最初に表面を乾かし（水分を飛ばし）、その後、もう一度、焼き上げていくような感じで火を入れ、よりパリッと仕上げる。鰻は脂が多いので、身や皮から出る脂で「揚げる」ように焼くのも「うな串」ならではだ。

3 タレを絡める前に、霧吹きで味醂を吹きかける。吹きかけた味醂を蒸発させた後にタレを絡めることで、「タレがのりやすくなる」という効果が。

4 タレを絡め、もう一度、炭火に置いて香ばしく焼き上げたら完成。タレの材料は日本酒、醤油、味醂。使うごとに、鰻の脂分や旨みがプラスされた特製の鰻ダレだ。

鰻の尾の先の部分を使うのが「皮」。「皮」という名前だが、身も薄くついている。身が薄いので、その分、鰻の皮のパリパリッとした食感や香ばしさを堪能できる。

うな串・カブト

1

丸ごとで仕入れた鰻の頭の部分を切り落として「カブト」に使用。口の先のかたい部分は切り落とし、さらに頭の部分全体に包丁を入れて開いてから串にさす。

2

焼く前に、串にさした状態で一度揚げておく。一度揚げてあるので、炭火で焼く際は、短時間で焼き上げて焦がさないようにする。

鰻の頭の部分。生のまま焼くと、人によってはかたくて噛み切れないこともあるため、一度揚げてから炭火で焼く。揚げることで食べやすくし、初めて鰻の「カブト」を食べたお客からも「パリパリとした食感でおいしい」と好評だ。

うな串・肝

栄養価が非常に高いと言われる鰻の「肝」も「うな串」で提供。臭みがなく、独特の食感とおいしさを楽しめると評判だ。タレの香ばしさもプラスして、お酒が進む味わいに仕上げる。

クオリティーの高いジビエを「串打ち」でも提供

鹿（モモ）

猪（肩ロース）

鶉

真鴨（ロース）
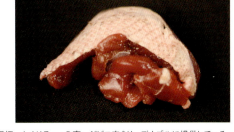

各地の猟師などから直接購入するジビエ肉の仕入れルートを開拓。クオリティーの高いジビエ肉をリーズナブルに提供している。上の4種類は取材時の主なジビエ肉（店で整形した状態）。要予約で「串打ち」のスタイルでも提供する。

鹿や猪は一頭分で買い付け、部位ごとに分割してもらったものを仕入れている。写真は左が猪のモモで、右が鹿のロース。部位ごとのブロックで仕入れたものを店で捌き、整型して商品化している。

肉のカットや串の打ち方で商品力を強化

串打ちにする場合も、ジビエ肉のそれぞれの特徴や部位ごとの肉質に配慮。例えば、写真の鹿のモモ肉は、厚めにカットしてじっくりと火を通す。串は肉の繊維に対して垂直にさし、食べた時の歯切れをよくしている。

串打ちジビエ・鹿（モモ）

3種の串の盛り合わせで950円（以下同 ※串打ちジビエは要予約）

1
焼く前に、まず油を肉の表面に塗る。これはすべてのジビエ肉で行なう。

2

鹿のモモ肉は、最初に強火で表面を焼いた後は、弱火でじっくりと焼き上げることで、しっとりと柔らかく仕上げる。

3
ジビエ肉の味つけは塩のみ。焼き上がる前に塩をふる（写真は店長の森田真実氏）。焼き上がったジビエ肉は辛味噌と山ワサビを添えて提供し、お客自身が好みの味つけにできるようにしている。

しっとりと柔らかく焼き上げて、鹿のモモ肉の赤身のおいしさを堪能してもらう。焼き上がった時の見た目がきれいになるように、串打ちの際には肉一つ一つを少しアーチ状にしながら串にさす。

うな串・串打ちジビエ
新宿寅箱

串打ちジビエ・猪（肩ロース）

高級店でも使われるクオリティーの高い猪肉を使っており、甘みのある脂が美味。中でも肩ロースは、赤身と脂の両方のおいしさをバランスよく味わえる。串打ちの際には、必ず脂の部分を入れるようにする。

串打ちジビエ・真鴨（ロース）

天然の真鴨ならではの野性味あふれる味わいが魅力。串打ちの際には、片面に皮目が揃うように串に肉をさす。片面の皮目をパリッと、中はジューシーに焼き上げて、真鴨の旨さを引き立たせる。

うな串・串打ちジビエ
新宿寅箱

串打ちジビエ
鶉

鶉（ウズラ）も、皮目をパリッと焼き上げるのがおいしさの秘訣。肉がかたくならないように弱火でじっくりと火を通し、最後に強火で皮目をパリッと焼き上げる。

ジビエ串
雉（皮）

雉の皮は、比較的、さっぱりとした上品な脂の味わいが特徴。焼き上がる直前に強火で焼き、全体をパリッと仕上げる。

※価格はすべて税抜

NEW KUSI No.10
焼き鳥
東京・代々木 神鶏(しんけい) 代々木

焼き鳥
神鶏 代々木

食材を活かすことを第一に
どの時代にも愛される正統派を追求

焼き鳥や水炊きなどをメインに各地の調理法を取り入れたメニューを揃え、計10店舗を展開する鶏料理店。串物は焼き鳥、野菜串、変わり串、肉巻き串を24種類ほど用意。「見た目の面白さや奇抜さをウリにするのではなく、どうしたら食材をおいしく調理できるかを追求している」と、同店を運営する㈱Hi-STAND代表の戸田博章氏が話すように、どの時代にも愛される正統派の串を中心にしたラインナップだ。鶏肉は焼き鳥に合うという観点から地鶏ではなく国産若鶏を選び、大半の串を塩で食べさせるのがこだわり。1串につき55g前後と満足のいく食べ応えを出しながら、肉の切り方や打つ順番などを計算しておいしさを高めている。また、「食材をムダにしない」という理念から、破棄されることの多い部位も丁寧に下処理してメニュー化。食材への飽くなき追求により、博多名物の「とりかわ」などヒットメニューも生み出し、若者から中高年まで幅広い層を集客する。

SHOP DATA　住所：東京都渋谷区千駄ヶ谷5-20-51ほぼ新宿のれん街　TEL：03-3226-8330　規模：65席

とりかわ

128円

博多で人気の串をメニュー化。弱火で焼いて冷蔵庫でねかせる工程を、3日間かけて7回もくり返す。余分な脂が落ちて外はカリカリの食感、中には旨味が詰まり、通常の鶏皮串とは別物の味わい。一人で何本も注文するファンも多い。

1
細長く切った鶏の首皮の端を手前に折って串に刺し込み、手元へ移動。串の手前から先に向かってぐるぐると巻き付けていく。焼くと縮むため、隙間なくみっしりと巻いていくのがポイント。

2
巻き終わりの端を串の先端に刺して留め、手で押さえて形を整える。博多では一人で同じ串を何本も注文されるため小ぶりだが、東京は1本ずつ多種の串を注文する傾向にあるので、1串にボリュームを持たせている。

3
弱火に調節した焼き台に並べ、途中で自家製ダレにくぐらせながら、脂を落とすイメージで4〜5時間かけてじっくり焼く。これを冷蔵庫でねかせ、また弱火で焼くのを7回くり返したものを営業に使用する。

4
オーダーごとに霧吹きで酒を吹きかけ、全体に塩をふる。酒をスプレーすると、鶏肉特有の臭みが補われると同時に、熱伝導率もアップする。

5
焼き台の火力が強い場所で、表面をさっと焼く。仕込みの工程で脂は落ちており、ここは皮をパリッとさせるのが目的。

6
表面がパリッとしたら、自家製ダレにさっとくぐらせ、再び強火の焼き台でさっと炙って完成。タレは皮に合わせて作った甘辛味で、継ぎ足しながら使用している。

焼き鳥
神鶏 代々木

レバー

198円

1
レバーとつながっているハツ（心臓）を切り離し、2つに分かれているレバーの中心に包丁を入れて切り、筋などを取り除く。

2
掃除をしたレバーをやや大きめに切っていく。

3
店の焼き台は中央付近の火力が強いので、焼きムラが出ないよう、串の手前の一切れ目は小さめのものを打つ。レバーはやわらかく串が回転しやすいため、安定性のある平串を使用する。

4
串の先から順にレバーを打っていく。ふっくらとした焼き上がりを目指し、レバーが弓状になるイメージで「く」の字に串打ちする。

5
焼く直前に霧吹きで酒を吹きかけ、全体にまんべんなく塩をふる。独自にブレンドしたオリジナル塩は塩気がおだやかなので、やや多めにふっても塩辛くない。

6
焼き台にのせ、表面の色が変わったら裏返し、身がふっくらとして中がレアの状態に焼き上げる。焼き過ぎるとパサついてしまうので注意。表面にやや赤味が残っているくらいで焼き終える。

鮮度がよく臭みのないレバーをレアに焼き上げ、クリーミーで濃厚な味わいを楽しませる。タレでなく塩で食べてもらうのもそのため。1串が55g前後になるよう1切れを大きめにカットし、食べ応えのある1串に。

117

ハツ

218円

鶏の心臓部分。内臓らしいやわらかさがありながら、プリッとした食感も楽しめるのが魅力。血の塊を丁寧に取り除く下処理で、おいしさにつなげる。根元の白い部分は切り離し、「心残り」として別串で提供する。

グリラーについて

マルゼンのガスグリラーは、温度調節が的確にできる点が決め手になって選んだ。ガス火は一定の温度で焼け、炭に比べてメンテナンスも容易で扱いやすい。味の面でも、食材の乾燥を抑えてジューシーに焼き上がる。

1
根元の白い部分（ハツモト）を切り離し、別の串に利用。ハツについている膜を手で引っ張って取り除き、中心に切り込みを入れる。

2
ハツを開いて、中にある血のかたまりを串でかき出す。血が残っていると臭みの原因になる。水洗いは旨味が逃げてしまうのでしない。

3
開いたハツを「く」の字の逆向きになるよう、ふっくらと串打ちする。酒を吹いて塩をふり、上下を返しながら焼き色がつくまでジューシーに焼く。

せせり

228円

1　首肉の太い方（上首）を縦半分に切る。肉厚でそのまま串に打つと火が入りにくいため。

2　細長い肉の端を串にさし、蛇腹状に縫うように串打する。

3　串の手前は幅を狭く、徐々に幅広になるよう打っていく。幅を作って打つことで肉汁を溜め、ジューシーに焼くことができる。

4　焼き縮みを考慮してみっしりと打ち、最後に手のひらでぎゅっと押さえて形を整える。

5　霧吹きで酒を吹きかけて、塩と黒胡椒をふる。脂の多い部位に、黒胡椒はよく合う。火が通りにくいため、火力の弱い場所でじっくり焼く。

鶏の首肉。よく動く部位なので、筋肉質で弾力のある歯触りが特徴。適度な脂身があって、旨味も多い。ひも状の肉を縫うように扇形に串打ちすることで、肉の間に肉汁を溜め込み、ジューシーに焼き上げる。

心残り

289円

ハツとレバーをつないでいる大動脈で、「ハツモト」とも呼ばれている。鶏9羽から1串分ほどしかとれない希少な部位。破棄する店もあるが、脂がのっていておいしいのでメニューに加えている。

1
レバーとハツの仕込みで切り離しておいた部分を、丸めながら一切れずつ串打ちしていく。肉質がしっかりした部分を探して串をさす。

2
肉の間隔を詰めながら串打ちする。霧吹きで酒を吹きかけ、塩をふって、上下を返しながらこうばしく焼き上げる。

手羽先

218円

同店では串打ちをせず、手羽先がついたまま焼き上げて提供。女性客も多いため、食べやすさを考え、骨のまわりに切り込みを入れて容易に骨がはずせるよう下処理をする。

1
手羽中にある2本の骨の間に、包丁で切り込みを入れる。

2
手羽先の関節部分をポキッとはずし、2本ある骨の頭を出す。こうすると骨がするりと抜けて食べやすくなる。注文ごとに酒を吹きかけ、塩をふって両面をこうばしく焼き上げる。

焼き鳥
神鶏 代々木

鶏モモ

210円

1　モモ肉についている「そり」(ソリレスともいう)を切り取り、「おび」と呼ばれるモモ肉の中心あたりを使用。身が厚く、水分量が多くてやわらかい。

2　厚みを均等にし、皮面を上にして大きさを若干変えながら、4〜5cm角に切り分ける。端肉は小さく切り分けておく。

3　店の焼き台は端の火力が弱いため、焼きムラが出ないよう、小さな端肉を最初に打つ。

4　続いて長ねぎを打ち、モモ肉、長ねぎ、最後に大きめのモモ肉を順に打つ。モモ肉はやや上めから串をさして、縫うように打つイメージ。

5　打ち終えたら、全体が扇形になるよう両端を包丁で少し切り落とし、形を整える。

6　霧吹きで酒を吹きかけ、塩をまんべんなくふる。皮面から焼き始め、上下を返しながら皮がパリッとするまで焼く。

モモ肉の中でも身がやわらかい「おび」と呼ばれる部分を使い、長ねぎと交互に串打ちする。焼きムラが出ないよう小さく切った端肉を一番手前に、一口目は鶏をダイレクトに味わってもらうため大きめに切った肉を打つ。

ぎんかわ

198円

オリジナル塩

お好みによりタレも用意しているが、ほとんどのお客は塩で注文。塩気のキレが早く、口に長く残らないパキスタンのピンク岩塩をベースに、4種類の食材をブレンド。乳製品の粉末の甘みが塩気を和らげ、肉の臭みも消す。

1
砂肝のまわりにある銀皮を切り離す。包丁をねかせ気味にして削ぎとるようにする。

2
小さな薄皮から中心あたりに串をさし、縫うようにしてしっかりと打つ。

3
1串あたり10枚ほどを扇形に打つ。霧吹きで酒を吹きかけ、塩をまんべんなくふって弱火でじっくり焼く。

砂肝を包んでいる銀色の皮で、やや硬いため削ぎとって破棄されることも多い部位。同店では10枚ほどを1串に打って焼き上げ、コリコリとした独特の歯ごたえを楽しんでもらう。一度食べてやみつきになる人が多い。

ささみしぎ

218円

1
ササミについている表面の膜を引っ張って取り除き、筋もはずす。

2
端から同じ幅に切り分ける。ササミ1本で4等分が目安。

3
先の細い端肉から串打ちする。モモ肉と同様、やや上から串をさし、縫うようなイメージでふっくらと打つ。

4
切り分けたササミを順に小さいものからバランスよく打つ。

5
霧吹きで酒を吹きかけ、塩をふって焼き台にのせる。表面が白くなったら返し、中がレアの状態にふっくらと焼き上げる。

6
焼き上がったら、一切れずつ柚子胡椒をのせて仕上げる。

淡白な味のササミは、やわらかな食感が楽しめるようふっくらと串打ちし、中がレアの状態に焼き上げるのがポイント。柚子胡椒をのせて、辛味と香りのアクセントを添える。

NEW KUSI No.10
TOKYO / YOYOGI

なんこつ

230円

ハラミ付きのやげん軟骨を豪快に串打ちして焼く。軟骨のコリッとした食感と、脂身がのったハラミ肉の両方が楽しめる、人気の高い串。火が通りにくいため、火力の弱い場所でじっくりと焼き上げる。

1  やげん軟骨の平らな面を下にして置き、まず肉の部分に串を打ってから軟骨の中心に打つ。

2  次から、やげん軟骨の向きが左右交互になるよう打っていく。また、小さいものから徐々に大きなものになるよう打つ。

3  焼き縮みを考えて間隔を詰めながら、扇形になるよう4本のやげん軟骨を打つ。

4  霧吹きで酒を吹きかけ、塩を高い位置からまんべんなくふり、黒胡椒をふる。

5  おもて面(盛りつけの際に上になる方)から焼き始め、上下を返して焼き上げる。焼きすぎるとパサついてしまうので、弱火でじっくりと火を入れる。

焼き鳥
神鶏 代々木

塩だんご

289円

1  鶏だんごのタネをやや大きめに手にとり、丸く成形する。

2  沸騰した湯に入れて、形がしっかりするまで茹でる。

3 茹でた鶏だんごの中心に串を打つ。1串につき3個の鶏だんごを打つ。

4  霧吹きで酒を吹きかけて塩をふり、時々串を回しながら、肉汁を閉じ込めるようにじっくりと焼く。

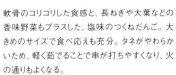

軟骨のコリコリした食感と、長ねぎや大葉などの香味野菜もプラスした、塩味のつくねだんご。大きめのサイズで食べ応えも充分。タネがやわらかいため、軽く茹でることで串が打ちやすくなり、火の通りもよくなる。

ピーマンの肉巻き

298円

半分に切ったピーマンの中にシュレッドチーズをたっぷり詰め込み、豚バラ肉を巻いて焼き上げる。旨味のあるバラ肉、ピーマンの苦味とチーズの塩気がマッチ。酒の肴にもおすすめ。

1  ピーマンを縦半分に切り、中のタネとわた、さらにへたを取り除き、シュレッドチーズをたっぷりと詰める。チーズがこぼれないように豚バラ肉をぐるぐると巻き、巻き終わりを下にする。

2  酒を吹きかけて塩と黒胡椒をふり、切り口の方を下にして焼き台にのせ、両面にこんがりと焼き色がつくまで焼く。

おくら

230円

オクラの味と形を活かすため、切らずにそのまま串打ちする。油で軽く素揚げしてから焼くことで、ホクホクとしたおいしさを出す。斜めに打った動きのあるフォルムも魅力。

1  オクラのへたを切り落とし、カットせずにそのまま串打ちする。太い方を狙って斜めに打つのがポイント。

2  中温の油で素揚げしてから焼く。ホクホクした食感になり、色味も鮮やかに仕上がる。

3  酒を吹きかけて塩をふり、焼き目がつくまでさっと焼く。

焼き鳥
神鶏 代々木

肉厚しいたけ
220円

肉厚な椎茸を使い、椎茸から出る旨味たっぷりのエキスをかさの裏側に溜めながら、弱火で焼き上げる。ジューシーな旨味とプリンとした弾力のある食感がクセになるおいしさで、リピーターも多数。

1
かさの裏側を上に向け、軸の根元に包丁を入れて切り落とす。軸は硬い石づき部分を切り落とす。

2
丸串を2本揃えて持ち、まず軸の中央に串を打つ。

3
続いて、かさの裏側を上に向けて、中心にバランスよく串を打つ。

4
かさの表面側しか焼かないため、注文ごとに中温の油で素揚げして火を通す。

5
素揚げしたら、高い位置から両面に塩をふる。

6
かさの裏側を上に向けて弱火でじっくり焼く。かさの裏にエキスが溜まってグツグツいってくる。エキスごと味わってもらうため、裏返さないこと。指でさわって身がやわらかくなったら焼き上がり。

※価格はすべて税抜

NEW KUSI No.11
野菜巻き串

東京・北千住 つつみの一歩

野菜巻き串
つつみの一歩

野菜と豚肉の絶妙なマッチング！
名物の「野菜巻き串」＆創作串で繁盛

創業店の『炉端焼き 一歩一歩』を始め、すし店の『にぎりの一歩』、おでんの店『歩きはじめ』などを東京の北千住でドミナント展開する㈱一歩一歩グループ（大谷順一社長）。沖縄の2店舗を含めて計10店舗に成長している同社が、2016年10月に北千住駅からすぐの場所に出店したのが『つつみの一歩』だ。同店の名物は「野菜巻き串」。各種野菜を豚バラ肉で巻いて焼き上げる「野菜巻き串」が、「野菜がメインなのでヘルシー。しかも、一緒に肉も味わえる」という魅力で女性客を中心に人気を獲得している。開発にあたっては、各種野菜と豚バラ肉のバランスに配慮。野菜自体のおいしさをしっかりと味わえ、なおかつ豚肉のジューシーさをほどよくプラスした絶妙なマッチングを工夫している。さらに、牛肉や魚介を用いたオリジナルの創作串も揃え、「裏名物」の餃子なども評判を獲得。男性一人客や家族客のファンも増やして売上を伸ばし、16坪・月商550万円以上の繁盛を実現している。

SHOP DATA　住所：東京都足立区千住2-61　TEL：03-6806-2205　規模：16坪／40席

NEW KUSI No.11
TOKYO / KITASENJU

レタス巻き

300円

「野菜巻き串」で一番人気の「レタス巻き」。焼いた後に串をぬき、食べやすい大きさにカットして提供する。シャキシャキのレタス、ジューシーな豚バラ肉、さっぱりとした味わいの甘酢ダレが混然一体となったおいしさが評判だ。

野菜巻き串
つつみの一歩

1

レタスを数枚重ね（葉が大きい場合で3枚程度）、くるくると巻くように折りたたんでいく。途中、レタスの葉の左右を内側に折りたたみ、レタスを円柱に成形する。

2

円柱の形にしたレタスを豚バラ肉で巻く。豚バラ肉は、肉の大きさにもよるが2枚程度使用。隙間を作らないように豚バラ肉を並べ、その上にレタスを置いて巻く。

3

巻き終わったら、肉からはみでているレタスを切り落とす。なお、同店の「野菜巻き串」の多くは、豚バラ肉を「一重巻き」にするのが基本。「二重巻き」だと肉の味が主張しすぎるため、「一重巻き」で野菜の味わいを生かす。

4

串を2本さし、塩をふってから焼く。他の「野菜巻き串」は網の上で焼くが、「レタス巻き」はグリラーの2本の棒の間に置いて焼く。こうすることで、「レタス巻き」の円柱のカーブした部分も焼きやすい。途中でひっくり返す。

5

両面を焼いたら、半分にカット。レタスの中央部分をさらに焼いて仕上げる。レタスは焼くことで少ししんなりするが、シャキシャキとした食感は残すように焼く。豚バラ肉が「一重巻き」なので、その分、肉が焼けるまでの時間が短く、レタスのシャキシャキとした食感が残る。

6

串をぬき、さらに半分にカットして1皿に4切れを盛り、特製の甘酢ダレをかける。白だし、酢、砂糖などで作る甘酢ダレは、甘すぎず、酸っぱすぎずのさっぱりとした味わい。素材の味をじゃませず、おいしさを引き立てる。

万能ねぎ巻き

230円

両面に塩をふってから網にのせる。片面を焼いたら、ひっくり返してもう片面を焼く。同店の「野菜巻き串」の多くは、この手順で焼き上げる。

万能ネギの緑色が映える見た目のよさも魅力。豚バラ肉でたっぷりの万能ネギを巻き、ネギの香りを存分に味わってもらう。仕上げにかける甘酢タレは、食べた時に豚バラ肉の脂分をさっぱりと感じさせる効果もある。

網焼きでじっくり火を通す

「野菜巻き串」は、ガス火のグリラーで焼く。網焼きでじっくりと火を通し、豚バラ肉を焦がさないようにしながらジューシーに焼き上げる。火が入りにくい一部の野菜は、あらかじめ下茹でしておく。

ミネラル豊富な塩を炒って使用

「野菜巻き串」を味つけする塩は、ミネラル分が豊富なタイプのものを使用。フライパンで炒って水分を飛ばし、サラサラの状態にしておくことで、味つけする際に使いやすくしている。

野菜巻き串
つつみの一歩

あわび茸巻き

200円

食べた瞬間、アワビ茸の香りとだしが口の中に広がるおいしさが評判。その名の通り、アワビのような弾力のある食感も魅力だ。豚バラ肉とアワビ茸はとても相性がよく、「茸好き」を虜にする一品になっている。

豚バラ肉で巻くことで、アワビ茸のだしの旨みがギュッと中に閉じ込められる。その分、食べた瞬間にだしの旨みが口の中に広がる。

目にも楽しい「野菜巻き串」

焼く前の「野菜巻き串」を盛り合せたものを客席で見せる接客も行なう。色や形が変化に富んだ目にも楽しい「野菜巻き串」を見せることで、来店客の気分は大いに盛り上がる。

なまふ巻き

250円

生麩のモチモチとした食感が女性客に好評の一品。黄色と緑色の2色にし、見た目にも可愛らしさがある。自家製の田楽味噌をかけて提供する。生麩は京都産のもの。焼いている時に生麩がぷくっと膨らむ様子も楽しい。

アスパラ巻き

300円

女性客に人気が高いアスパラガスを使った「野菜巻き串」。注文数の多さでベスト3に入る。アスパラガスはあらかじめ下茹でしておき、豚肉を巻いて焼き上げた時にちょうどよい食感に仕上がるようにしている。味つけは塩のみ。

野菜巻き串
つつみの一歩

ゆきわり茸巻き
200円

群馬県の「月夜野きのこ園」から仕入れる「ゆきわり茸」を使用。「ゆきわり茸」はシャキシャキとした食感のよさが魅力で、独特の色をしているので見た目にもインパクトがある。ポン酢で味つけした大根おろしを添えて提供。

カキベーコン
480円

「牡蠣好き」に喜ばれている創作串。牡蠣をベーコンで巻き、串にさして焼き上げる。牡蠣の旨みにベーコンの塩気がプラスされ、お酒が進む味わいだ。最近、同店で特に人気が高まっている創作串の一つ。

リブロース

580円

群馬の「赤城牛」のリブロースを使用。サシと赤身のバランスがよいリブロースのおいしさを串焼きで味わってもらう。リブロースは1串で50〜55g。ボリュームがあるので二人でシェアして楽しむケースも多い。

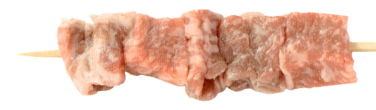

5種類から味つけが選べる

- 塩
- タレ（焼肉風）
- ネギおろしポン酢
- ニンニク醤油
- 味噌ダレ

「リブロース」は左記の5種類から味つけを選べるようにして魅力を高めている。上の写真の「リブロース」は「ネギおろしポン酢」。

野菜巻き串
つつみの一歩

鶏フォアの肉巻き

380円

豚バラ肉のジューシーさと、鶏レバーの濃厚な旨みをマッチングさせた。鶏レバーは、あらかじめ低温調理で火入れをしておいたものを使用。黒酢を用いて作るタレが、鶏レバーのおいしさを一層引き立てる。

1

豚バラ肉で巻く鶏レバーは、低温調理でしっとりと柔らかい状態に仕込んでおく。焼いた時に鶏レバーに火が入りすぎてかたくなるのを防ぐために、鶏レバーと豚バラ肉の間に薄くスライスした大根を挟む工夫も施している。

2

鶏レバーを豚バラ肉で巻いたものを2個、串にさす。鶏レバーと豚バラ肉の組み合わせなので、2個でも食べ応えがある。

3

焼き上がったら黒酢のタレをつける。タレをつけた後、もう一度、グリラーで少し焼き、食欲をそそる香ばしい味わいに仕上げる。

NEW KUSI No.11
TOKYO / KITASENJU

牛たんネギ巻き

280円

千住ネギを牛タンで包み、串にさして焼く。仕上げにのせるのは塩麹で味つけした大根おろし。ネギ、牛タン、塩麹を用いて創作した串焼き版の「ネギタン塩」だ。好みでレモンを絞ってもらう。

1

あらかじめ少し茹でておいた千住ネギを、スライスした牛タンで包む。千住ネギを少し茹でておくことで、牛タンが柔らかくおいしく焼き上がるタイミングで、千住ネギにもちょうど火が入るように計算している。

2

千住ネギを包んだ牛タンを3個、串にさす。千住ネギを包んだ牛タンが焼く時に開いてしまわないように、しっかりと串にさす。

野菜巻き串
つつみの一歩

鮭とクリームチーズ巻き

380円

サーモン、アボカド、クリームチーズという女性好みの3つの食材を使った創作串。3つの食材を大葉で包み、それを豚バラ肉で巻いている。ポン酢で味つけした大根おろしをのせて提供。

1

サーモン、アボカド、クリームチーズを大葉で包んだものを豚肉で巻く。サーモン、アボカド、クリームチーズは細かくカットしたものを大葉で包んでいる。

2

焼いた時に大葉が焦げないようにするために、豚バラ肉は大葉が隠れるように全体に巻いて串にさす。

長芋豚のり巻き

350円

串にはささないが、串焼きのグリラーで調理するアイデアメニュー。長芋に豚バラ肉と海苔を巻いて焼き、見た目もユニークな一品に仕上げる。シャキシャキとした長芋に、塩麴で味つけした大根おろし、ワサビがよく合う。

1

円形に厚くカットした長芋に、まず豚バラ肉を巻く。焼いた時に、豚バラ肉のジューシーな脂分が長芋に染み込む。

2

次に海苔を巻く。豚バラ肉と海苔が十字になるように巻き、焼き上がった時においしそうな見た目になるようにする。

取材店舗紹介

No.01　やさい巻き串屋 ねじけもん

住所：福岡県福岡市中央区大名2-1-29 AIビルC館1F
TEL：092-715-4550　営業時間：17時30分〜翌1時(L.O.24時30分)、日曜・祝日17時〜24時(L.O.23時30分)　定休日：無休

店主
増田圭紀 氏

東京で5軒の飲食店を展開する店主の増田圭紀さんが九州初の店舗として2011年にオープン。名物の野菜巻き串は1本180円〜と通常の焼鳥より高めの価格設定だが、どの串もボリュームがあり、満足度が高い。「長芋の明太コロッケ」2個580円といった単品料理、ミントの代わりに大葉を使う「和ヒート」480円など、アルコールにも個性が光る。

No.02　フリトゥー・ル・ズ 糀ナチュレ

住所：福岡県福岡市中央区警固2-13-7オークビルⅡ1F
TEL：092-722-0222　営業時間：18時〜22時L.O.、バータイム22時〜翌2時(金・土・祝前日〜翌3時)　定休日：火曜

店主
伊藤貴志 氏

和食、イタリアン、フレンチ、バーテンダーなど様々な飲食経験を積んだオーナーの伊藤さん。2011年、独立に際し選んだのが串揚げとワインを柱に据えたレストランだった。塩糀を下味に使う串揚げは、固定のメニューは設けず、すべて四季を追う季節替わりのスタイル。その日ベストな8〜10品をコースとして提供する。22時以降はバー利用可。

No.03　BEIGNET（ベニエ）

住所：大阪府大阪市北区芝田2-5-6ニュー共栄ビル1F
TEL：06-6292-2626　営業時間：12時〜15時、17時〜23時
定休日：年末年始

シェフ
新井將太 氏

再開発が進む大阪・梅田駅そばの"ウメシバ"エリアに2017年2月オープン。シェフの新井將太さんは東京、札幌のレストランを経て、『ベニエ』を運営する株式会社 The DINING に入社、『ベニエ』の立ち上げに伴いヘッドシェフに抜擢され大阪へ。コースには串揚げの他にアミューズ、オードブル、スープ、サラダ、シメの一品、デザート、ハーブティーがつく。

No.04　again（アゲイン）

住所：大阪府大阪市北区曽根崎新地1-5-7 梅ばちビル3F
TEL：06-6346-0020　営業時間：18時〜24時　定休日：日曜、祝日

店長
仲村渠祥之 氏

コンセプトは「食のエンターテインメント」で、店主の人脈を生かした鮮度抜群の食材を串料理として提供。従業員の平均年齢は23歳とかなり若いが、2年連続ミシュランガイドで1つ星を獲得し、今後は日本一有名な串揚げ料理店になるのを目標に掲げている。2018年10月には隣接する森ビル4Fに移転し、席数を2倍に拡大予定だ。

取材店舗紹介

No.05 やさい串巻き なるとや

住所：大阪府大阪市中央区難波千日前7-18千田東ビル1F
TEL：06-6644-0069　営業時間：17時〜翌1時　定休日：無休

店長
瀬川将之 氏

大阪府内に『炭火焼とり えんや』を8店舗展開する有限会社エンヤフードサービスの新業態。同社のルーツである福岡・博多では豚肉で野菜を巻いた串が流行中で、「えんやの焼とりで培った串の技術を生かせば舌の肥えた関西人も納得させられるはず」とオープンに至った。「野菜巻き串を食文化の一つとして世に広め、このジャンルでのトップを目指す」という。

No.06 コテツ

住所：京都府京都市下京区船頭町232-2
TEL：075-371-5883　営業時間：18時〜翌1時（L.O.24時）　定休日：水曜

店長
田澤康史 氏

河原町・木屋町の路地裏にある串揚げ専門店。2012年のオープン以来、店長・田澤康史さんが切り盛りしている。客席は、キッチンを取り囲むコの字カウンターのみ（11席）で、スタッフや隣席とも距離が近いので会話が弾みやすい点も魅力だ。串揚げはおまかせセット以外に1串200円〜追加注文可。また一品メニューも数品用意する。

No.07 揚げバル マ・メゾン

住所：愛知県名古屋市中村区名駅1-1-1 KITTE名古屋B1F
TEL：052-433-2308　営業時間：11時〜23時（L.O.22時30分）
定休日：無休

洋食営業部
エリアリーダー
前田好宣 氏

名古屋で1981年に創業し、洋食やとんかつを中心に幅広い世代から親しまれる「マ・メゾン」グループ。国内外に30店舗以上を展開するうち、揚げ物×ワインをコンセプトにしたバルスタイルの新業態がこちら。名古屋駅の商業施設に立地し、昼は熟成豚のとんかつやオムライスなどの洋食ランチ、夜は洋風串揚げやオリジナルワインが好評だ。

No.08 天ぷら串 山本家

住所：東京都新宿区新宿1-2-6 御苑花忠ビル1F
営業時間：平日16時〜24時（L.O.23時）土曜日15時〜23時（L.O.22時）
定休日：日曜日・祝日

店長
伊藤 将 氏

看板商品の「天ぷら串」は豊富なバリエーションを用意しているが、「おかげさまで、お客様からはどの串を食べてもおいしいという声をいただいています」と伊藤 将店長は話す。客単価は4000〜5000円。カウンターをメインにした雰囲気のよい和モダンの内装も好評で、箸を使わず、カジュアルに食べることができる「天ぷら串」は外国人客にも人気だ。

No.09　新宿寅箱

住所：東京都新宿区新宿5-10-6 宮崎ビル1F
営業時間：月～金11時半～14時(昼の部)、17時～0時　土・日16時～0時
定休日：無休

オーナー
杉山 亮 氏

鰻とジビエの両方で、クオリティーの高さとリーズナブルな価格を実現し、客単価は4000～5000円。旬の食材を使った手作りのおばんざいも人気だ。「鰻蒲焼の皿」は並1150円、上2300円、特上3450円。時価(量り売り)の「鰻丸焼きの皿」も、例えば300gの「鰻丸焼き」を4000円程度で提供し、そのお値打ち感の高さが評判を集めている。

No.10　神鶏 代々木

住所：東京都渋谷区千駄ヶ谷5-20-51 ほぼ新宿のれん街
TEL：03-3226-8330　営業時間：15時～24時　定休日：無休

サービスコーチング
焼師
新井健太 氏

希少な部位も含めた多彩な焼き鳥、水炊き、半身揚などをリーズナブルに提供する鶏料理専門店。アルコールの種類も豊富で、長野の地酒や信州のワイン、また、日本酒にライムを絞る「サムライロック」といった新提案ドリンクも用意。趣のある一軒家の店舗には、カウンター席、完全個室、BOX席などを設置し、20～60代の男女を幅広く集客している。

No.11　つつみの一歩

住所：東京都足立区千住2-61　営業時間：17時～24時　定休日：無休

店長
清 大起 氏

店頭にも「野菜巻き串」の素材を並べた冷蔵ショーケースを設けて店の名物をアピール。店内はカウンター8席の他、テーブル24席を用意し、落ち着いて食事が楽しめる居心地のよさも魅力にしている。「つつみの一歩の店名通り、北千住のお客様を温かくつつみこむサービスや雰囲気づくりを心掛けています」と清　大起店長は話す。客単価は4000円。

野菜串巻きもおいしく焼ける！

ヒゴグリラーの製品には全て信頼の「炭火マーク」が付いています。

ヒゴグリラー®

火力抜群の火床、煙の出にくい電気グリラーの決定版!
「ヒゴグリラー」は、近年話題の野菜串巻きの調理にも適したグリラーだ。

「ヒゴグリラー」導入店
福岡・大名の『やさい巻き串屋 ねじけもん』 P.4で紹介。
大阪・難波の『やさい串巻き なるとや』 P.54で紹介。

【5大特長】

- 90秒で850℃ 備長炭と同等の強火力
- 店内をクリーンに、煙が出にくいタイプ
- 火力はスイッチひとつで簡単調整
- 省エネを実現した3面独立設計
- 感電の心配が不要な安心設計

ヒゴグリラー株式会社は、創業から15年ほど経った1976年に低電圧式電気焼物器「ヒゴグリラー」の製造販売を開始し、焼物器専業メーカーとして全国的に販売網を確立した。以来、コンパクトサイズから大型自動焼機まで数々のグリラーを世に送り出し、現在はおよそ80種類の機種を取り揃え、特型グリラーの受注にも対応している。

「ヒゴグリラー」には電気式だからこその機能が満載されている。スイッチオンで強い火力を発し、煙が出にくく、火力調節もスイッチひとつで簡単。もちろん、一酸化炭素の発生はなく、感電の危険性がないように安全に、安心して使えるよう設計されている。

「近年話題の野菜巻き串にも電気式グリラーが向いています」というヒゴグリラー株式会社代表の肥後慎一郎氏。焼き物の調理は火加減が一番難しいといわれるが、「ヒゴグリラー」は電気式で温度が安定しているので、安定した味わいを作り出すことができる。火力は全面均一に行き渡るので焼きムラが出ることもない。また、煙が出にくいという点においても、女性客の利用が多い野菜串巻き店から大変好評を得ているという。

同社は東京、大阪、福岡に営業所・実演ルームを構えている。また、大阪本社と福岡営業所にはヒゴグリラーの機能を実際に体験できるデモカーを用意し、「試し焼きがしたい」というニーズに応じて、可能なかぎり指定の場所にデモカーが参上するサービスも行っている。

電気式焼物器専業メーカー　ヒゴグリラー株式会社
詳しい資料のご請求はフリーダイヤルで。フリーダイヤル0120-100-153　　🔍ヒゴグリラー 検索

近代食堂

繁盛店を作る雑誌

毎月22日発売

近代食堂は、2018年10月号より
リニューアルします！

外食業界に携わる人のための総合専門誌。
メニュー開発、販促、人材育成、接客サービスなど、
飲食経営に重要なテーマを毎月特集する他、
最新の繁盛店情報、人気店のメニューレシピなど、
繁盛店づくりの役立つ情報を毎月お届けします。

CAFERES
Coffee & Menu for Cafe

毎月19日発売

カフェ&レストランは、
2017年6月号からリニューアルし、
カフェレスになりました。

コーヒーを始めとするカフェの人気メニュー、
個人経営店の開業事例、接客サービスや販促といった
経営力強化、人材育成など、小規模でも強い店を
つくるための実用情報を毎月特集。

バックナンバーも好評発売中!!

- ●月刊誌の定期購読のご案内　お求めの方はお近くの書店へお申し込みください。
- ●インターネットでご注文をご希望の場合は株式会社富士山マガジンサービス(Fujisan.co.jp)へ
  お電話は フリーダイヤル 0120-223-223／24時間365日対応

お申し込みはお早めに！ **旭屋出版**　〒107-0052　東京都港区赤坂1-7-19　キャピタル赤坂ビル8階
☎03-3560-9065㈹　振替／00150-1-19572　http://www.asahiya-jp.com

○スチコン　○真空調理　○ブラストチラー　○VCC

最新調理機器で作る魅力メニュー

最新調理機器で作る魅力メニュー
定価：本体3,000円＋税

省力化、食品ロス、衛生管理。飲食業界が直面する課題を解決する調理機器の"新・三種の神器"が「スチコン」「真空調理」「ブラストチラー」だ。本書はそうした新調理機器を活用して作る魅力的なメニューを紹介。フレンチ、イタリアン、中華、和食、ラーメン、カフェの多彩なレシピが満載。

シェフ16人の 最新調理機器活用法

Nabeno-Ism／渡辺雄一郎
TERAKOYA／間 光男
restaurant c'est bien／清水崇充
PRESENTE Sugi／杉岡憲敏
Cucina Shige／石川重幸
Osteria il Leone／二瓶亮太
ZURRIOLA／本多誠一
スペイン料理 ミネバル／峯 義博
Sardexka／深田 裕
とよなか桜会／満田健児
酒・肴 丸角／須藤展弘
中国料理 天廣堂／廣田資幸
創作中国料理 旦妃楼飯店／田 俊
銀座 風見／金子晋衛
麹町カフェ／古川大策
Caffe Strada／市原道郎

お申し込みは、お近くの書店または旭屋出版へ　旭屋出版　販売部（直通）TEL03-3560-9065　http://www.asahiya-jp.com

人気レストランが探究する
スチコンで作る魅力料理

Steam Convection Oven Magical Recipes

■ 定価 3500円＋税
■ A4判・192ページ

【本書に登場するお店】

- La Biographie…
- ラ・ロシェル山王
- gri-gri
- Agnel d'or
- レストラン セビアン
- Cucina Italiana Atelier Gastronomico DA ISHIZAKI
- cenci
- RISTORANTE i-lunga
- erba da nakahigashi
- 3BEBES
- ZURRIOLA
- 京料理 木乃婦
- 料理屋 植むら
- 魚菜料理 縄屋
- 神田 雲林
- 唐菜房 大元
- Chi-Fu
- 拳ラーメン
- らーめん style JUNK STORY

料理人の感性を刺激する「加熱」の妙技

旭屋出版
〒107-0052 東京都港区赤坂1-7-19 キャピタル赤坂ビル8階
販売部（直通）☎03-3560-9065 http://www.asahiya-jp.com

★お求めは、お近くの書店または左記窓口、旭屋出版WEBサイトへ。

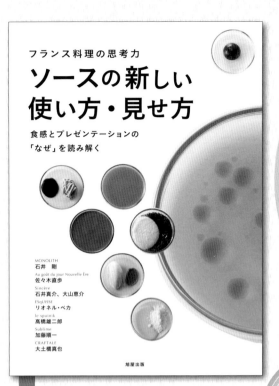

ソースの新しい使い方・見せ方

フランス料理の思考力

食感とプレゼンテーションの「なぜ」を読み解く

■ A4判・144ページ
■ 定価 3000円＋税

フレンチの人気シェフのオリジナルソースを、その食感、形状、プレゼンテーションにも焦点を当てて解説。なぜ、その食感や形状をシェフが選んだのか。「ソース作りの意図」が分かる内容です。

旭屋出版
〒107-0052 東京都港区赤坂1-7-19 キャピタル赤坂ビル8階
販売部（直通）☎03-3560-9065　http://www.asahiya-jp.com

★お求めは、お近くの書店または左記窓口、旭屋出版WEBサイトへ。

旭屋出版 MOOK

カルパッチョ！カルパッチョ！

和・洋・中華・韓国・エスニックのカルパッチョが95品。

B5判・208ページ
定価　2800円＋税

バル・ダイニング・居酒屋・レストランの、牛肉・鹿肉・馬肉のカルパッチョ、魚介のカルパッチョ、野菜のカルパッチョ…が大集合。

掲載するカルパッチョの一部

●牛フィレ肉のカルパッチョ—プチリアーニ風—●和牛モモ肉と生ハムのカルパッチョ—ハーブのソースをかけたサラダ仕立て—●トリッパのカルパッチョ●塩麹ローストビーフのカルパッチョ●ダチョウのカルパッチョ●合鴨のカルパッチョ●鴨のカルパッチョ　ジャガイモのサラダ包み●エゾシカのカルパッチョ●エゾ鹿シンタマのロースト　カルパッチョ仕立て●馬刺しのカルパッチョ●豚足のカルパッチョ　キャロブハニーのソース●豚タンのコンフィ　カルパッチョ仕立て●マグロのカルパッチョ　自家製練り七味で●マグロとアボカドの山椒ソース●萩産ホウボウ、マトウダイのカルパッチョ●真鯛と香草のカルパッチョ●スズキのカルパッチョ●カワハギのカルパッチョ●イナダと甘海老のカルパッチョ●ヒラメの柴漬けカルパッチョ●ヒラメのカルパッチョ　トマトとグリーンペッパー●サーモンと富有柿のカルパッチョ●スモークサーモンとチーズのカルパッチョ●炙りサーモンとイクラの大根づくしカルパッチョ●さんまスモークのカルパッチョ●薬味を食べるサンマのカルパッチョ●タコとじゃが芋のガルシア風カルパッチョ●タコの八丁味噌パッチョ●タコの中華風カルパッチョ●アオリイカ　カクテルカルパッチョ●アルゼンチン赤エビの50℃調理カルパッチョとイタリア卵茸のカルパッチョ●貝のカルパッチョ●炙りホタテのカルパッチョ仕立て●タイラギの中華風カルパッチョ●日本なまずのカルパッチョ●カブと大根のカルパッチョ●人参・キュウリ・ビーツのアガー寄せ　カルパッチョ仕立て●馬肉とマッシュルームのカルパッチョ●5種類のフルーツのカルパッチョ　…他、計95品。

旭屋出版　〒107-0052　東京都港区赤坂1-7-19　キャピタル赤坂ビル8階
販売部（直通）☎03-3560-9065　http://www.asahiya-jp.com

★お求めは、お近くの書店または左記窓口、旭屋出版WEBサイトへ。

THE TEXT OF GELATO

ジェラート教本

基本技術と多彩なバリエーション

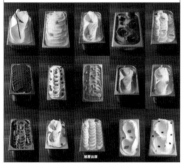

ジェラート教本
根岸 清・著
定価：本体3,000円＋税

著者プロフィール

根岸 清（ねぎし・きよし）

数多くのイタリア訪問を経て、本場のジェラートやエスプレッソを完全修得したエキスパート。日本に本場のジェラートと正統派のエスプレッソを普及させる原動力となったエキスパートの草分けで、現在も数多くのセミナー・指導を行なっている。

イタリアのアイスクリーム「ジェラート」。本物志向の高まりで、日本でも人気拡大が続いている。そのジェラートの知識、技術、多彩なバリエーションまでを網羅したのが本書。専門店の開業経営はもちろん、カフェやレストランのジェラートの導入に必読の一冊。

本書の主な内容

アイスケーキを作る

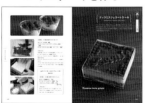

シャーベットのバリエーション

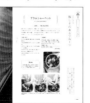

アイスのバリエーション

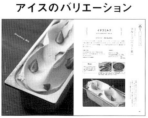

ジェラートの基本知識と技術

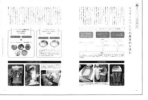

お申し込みは、お近くの書店または旭屋出版へ　旭屋出版　販売部（直通）TEL03-3560-9065　http://www.asahiya-jp.com

旭屋出版 新刊のご案内

個人でカフェをはじめる人へ
15店に学ぶ、小規模で強い店をつくる秘訣

3年で潰れるカフェが多いと言われる中で、地域で愛され続ける店の強さの秘密を、知っていますか？

本書の掲載店

- CAFFÉ STRADA
- DAVIDE COFFEE STOP
- 東向島珈琲店
- HATTIFNATT
- café vivement dimanche
- moi
- BERG
- UNCLE SAM'S SANDWICH
- adito
- Café Angelina
- Café des Arts Pico
- LIFE
- 紅茶専門店ディンブラ
- 素敵屋さん
- カフェ・バッハ

亀高 斉 著
A5判・192ページ
定価：本体1,800円＋税

好評発売中

亀高 斉（かめたか・ひとし）
1968年生まれ。岡山県出身。明治大学卒業後、1992年に㈱旭屋出版に入社し、1997年に飲食店経営専門誌の「月刊近代食堂」の編集長に就任。以来17年間、「近代食堂」編集長を務め、中小飲食店から大手企業まで数多くの繁盛店やヒットメニューを取材。2016年に独立し、フリーの外食ライターとして活動。「新・酒場メニュー集」「ジェラート教本」（旭屋出版）など、書籍の企画・編集も手掛ける。また、繁盛店づくりや売れるメニューをテーマにした講演も行っている。

お求めは、お近くの書店または、旭屋出版販売部、旭屋出版WEBサイトへ ⇒ 旭屋出版　TEL:03-3560-9065　http://www.asahiya-jp.com

NEW串料理

発行日　2018年10月1日　初版発行

編者　　旭屋出版編集部編
発行者　早嶋 茂
制作者　永瀬正人
発行所　株式会社 旭屋出版
〒107-0052　東京都港区赤坂1-7-19　キャピタル赤坂ビル8階
TEL：03-3560-9065（販売部）
TEL：03-3560-9062（広告部）
TEL：03-3560-9066（編集部）
FAX：03-3560-9071
http://www.asahiya-jp.com
郵便振替 00150-1-19572
印刷・製本 株式会社 シナノパブリッシングプレス

※落丁本・乱丁本はお取り替えいたします。
※無断複製・無断転載を禁じます。
※定価はカバーに表示してあります。

ⓒAsahiya publishing Co.,LTD.2018　Printed in Japan
ISBN 978-4-7511-1349-3 C2077